ULLRICH
VON DAAGEN

So liest man eine Bilanz

1. AUFLAGE

ISBN: 978-14996-084-7-2

© 2014 **Herstellung und Verlag:**

CreateSpace

4900 LaCross Road
North Charleston, SC 29406
USA

Inhaltsverzeichnis

Grundlagen

Eine Bilanz (=Waage) zu lesen heißt ein Unternehmen beurteilen zu können. Die Bilanz gibt Einsicht in die Vermögensverhältnisse, die Finanzierung und die Kapitalstruktur. Man erkennt, ob das Unternehmen auf soliden Beinen oder vor einem Konkurs steht. Die Bilanz gibt Auskunft über die Mittelherkunft und die Mittelverwendung.

Eine Bilanz ist immer Stichtagsbezogen – dem sogenannten Bilanzstichtag. Man unterscheidet zwischen Eröffnungs-, Schluss- und Zwischenbilanz.

Die Bilanz hat 3 wesentliche Funktionen:

Dokumentationsfunktion

- Die Bilanz dient in diesem Rahmen der Nachprüfbarkeit von Geschäftsvorgängen und erfüllt somit primär rechtliche Vorgaben.

Gewinnermittlungsfunktion

- Mit Hilfe der Bilanz ist es möglich, den Überschuss /Verlust in einer bestimmten Periode zu ermitteln. Dazu wird der das Eigenkapital zu Beginn und am Ende der Periode verglichen.

Informationsfunktion

- Dritte können einen schnellen und verlässlichen Einblick in die aktuelle Vermögenslage erhalten.

Aufbau der Bilanz

Der Beginn der Betrachtung liegt in der Vorbereitung des betrieblichen Leistungsprozesses.
Wenn wir etwas verkaufen oder produzieren möchten, benötigen wir Maschinen, Material, verschiedene Wirtschaftsgüter, eine Büroausstattung und selbstverständlich auch Kapital.
Die Bilanz ist eine stichtagsbezogene Gegenüberstellung von Aktiva (Vermögen) und Passiva (Kapital) eines Unternehmens. Der Bilanzgewinn oder -verlust ergibt sich aus der Differenz zwischen Aktiva und Passiva.

Die Gliederung der Bilanz regelt § 266 HGB. Die Aktiva werden nach dem Grad der Liquidität, die Passiva nach Fristigkeit und zugrunde liegendem Rechtsverhältnis gegliedert.

Die Bilanz dient unternehmensinternen und externen Informationsbedürfnissen. Jedes Unternehmen ist verpflichtet, jährlich zum Geschäftsjahresabschluss eine Abschlussbilanz zu erstellen.
Darüber hinaus existieren Sonderbilanzen, wie Gründungs-, Umwandlungs-, Sanierungs-, Fusions-, Konkursbilanz etc.

Bei der jährlichen Abschlussbilanz ist zwischen der zur Veröffentlichung bestimmten Handelsbilanz und der zur Vorlage beim Finanzamt zu erstellenden Steuerbilanz zu unterscheiden.

Die Bilanz wird durch Zusammenfassung der Summen des Inventars zu Gruppen gebildet. Beide Seiten der Bilanz müssen ausgeglichen sein.

Darstellung der Bilanzzahlen

Die Aktive

Als Investition bezeichnet man die vorgesehene Mittelverwendung für die Aufnahme des Leistungsprozesses. Diese Daten befinden sich auf der Aktivseite der Bilanz, auch Aktiva genannt.

Nachdem uns klar ist, was wir für die Leistungserstellung benötigen, müssen wir wissen, woher wir das Kapital nehmen, welches für die Investierung notwendig ist.

Die Passive

Sowohl Eigenkapital, als auch Fremdkapital wird als Finanzierungsquelle in Frage kommen. Diese Positionen erscheinen auf der Passivseite der Bilanz, auch Passiva genannt. Diese Seite trifft somit die Aussage der Mittelherkunft

Die Bilanz ist somit die zusammengefasste Darstellung des Vermögens auf der Aktivseite und des Kapitals auf der Passivseite. Auf der Aktiva-Seite differenziert man zwischen Anlage- und Umlaufvermögen, auf der Passiva zwischen Eigen- und Fremdkapital.

Aktiva	Passiva
• Umlaufvermögen • Anlagevermögen	• Schulden • Eigenkapital
Mittelverwendung=Investition	**Mittelherkunft=Finanzierung**

Durch eine Aufbereitung der Bilanz entsteht die Strukturbilanz, welche Grundlage für eine Analyse und damit die Berechnung von Kennzahlen ermöglicht.

Aktivseite (Mittelverwendung)

A. Anlagevermögen
  I Immaterielle Vermögensgegenstände
    1. Selbst geschaffene gewerbliche Schutzrechte und ähnliche Rechte und Werte;
    2. Entgeltlich erworbene Konzessionen, gewerbliche Schutzrechte und ähnliche Rechte und Werte sowie Lizenzen an solchen Rechten und Werten,
    3. Geschäfts- oder Firmenwert
    4. geleistete Anzahlungen;
  II Sachanlagen
    1. Grundstücke, grundstücksgleiche Rechte und Bauten einschließlich der Bauten auf fremden Grundstücken;
    2. technische Anlagen und Maschinen;
    3. andere Anlagen, Betriebs- und Geschäftsausstattung;
    4. geleistete Anzahlungen und Anlagen im Bau;
  III Finanzanlagen
    1. Anteile an verbundenen Unternehmen;
    2. Ausleihungen an verbundene Unternehmen;
    3. Beteiligungen
    4. Ausleihungen an Unternehmen, mit denen ein Beteiligungsverhältnis besteht;
    5. Wertpapiere des Anlagevermögens;
    6. sonstige Ausleihungen.
B. Umlaufvermögen
  I Vorräte/Vorratsvermögen
    1. Rohstoffe, Hilfsstoffe und Betriebsstoffe;
    2. unfertige Erzeugnisse, unfertige Leistungen;
    3. fertige Erzeugnisse und Waren;
    4. geleistete Anzahlungen.
  II Forderungen und sonstige Vermögensgegenstände
    1. Forderungen aus Lieferungen und Leistungen
    2. Forderungen gegen verbundene Unternehmen,
    3. Forderungen gegen Unternehmen, mit denen ein Beteiligungsverhältnis besteht;
    4. sonstige Vermögensgegenstände.
  III Wertpapiere
    1. Anteile an verbundenen Unternehmen;
    2. sonstige Wertpapiere.
  IV Kassenbestand, Bundesbankguthaben, Guthaben bei Kreditinstituten und Schecks
C. Rechnungsabgrenzungsposten
D. Aktive latente Steuern
E. Aktiver Unterschiedsbetrag aus der Vermögensverrechnung
F. (ggf.) Nicht durch Eigenkapital gedeckter Fehlbetrag

Bilanzsumme

Passivseite (Mittelherkunft)

A. Eigenkapital
  I   Gezeichnetes Kapital
  II Kapitalrücklage
  III Gewinnrücklagen
    1. gesetzliche Rücklagen;
    2. Rücklage für Anteile an einem herrschenden oder mehrheitlich beteiligten Unternehmen;
    3. satzungsmäßige Rücklagen;
    4. andere Gewinnrücklagen;
  IV Gewinnvortrag/Verlustvortrag,
  V   Jahresüberschuss/Jahresfehlbetrag,
  VI (u.U.) Nicht durch Eigenkapital gedeckter Fehlbetrag
B. Rückstellungen
    1. Rückstellungen für Pensionen und ähnliche Verpflichtungen
    2. Steuerrückstellungen
    3. sonstige Rückstellungen
C. Verbindlichkeiten
    0. Anleihen, davon konvertibel;
    1. Verbindlichkeiten gegenüber Kreditinstituten;
    2. erhaltene Anzahlungen auf Bestellungen;
    3. Verbindlichkeiten aus Lieferungen und Leistungen
    4. Verbindlichkeiten aus der Annahme gezogener Wechsel und der Ausstellung eigener Wechsel;
    5. Verbindlichkeiten gegenüber verbundenen Unternehmen;
    6. Verbindlichkeiten gegenüber Unternehmen, mit denen ein Beteiligungsverhältnis besteht;
    7. sonstige Verbindlichkeiten, davon aus Steuern, davon im Rahmen der sozialen Sicherheit.
D. Rechnungsabgrenzungsposten
E. Passive (latente) Steuern

Bilanzsumme

Schema einer Bilanz

Hier liegt der Beginn der Betrachtung in der Vorbereitung des betrieblichen Leistungsprozesses. Nachdem die Vorbereitung durch Finanzierung und Investierung für den Leistungsprozess getroffen wurden, kann mit dem der Erledigung von Aufträgen oder dem Verkauf begonnen werden.

Dabei entstehen Kosten, welche man in 3 Hauptkostenpositionen einordnen kann:

-Waren/Material

-Personal (Lohn, Gehalt)

-sonst. Kosten/Sachkosten/Gemeinkosten

Durch die Tätigkeit werden anderseits auch Umsatzerlöse erzielt, welche in der Gewinn- und Verlustrechnung (GuV) dargestellt werden. Auf der Sollseite stehen dabei alle Aufwendungen, auf der Habenseite alle Umsatzerlöse. Die Differenz der beiden Summen zeigt den Gewinn oder Verlust an.

Im Einzelnen sind folgende Schritte erforderlich:

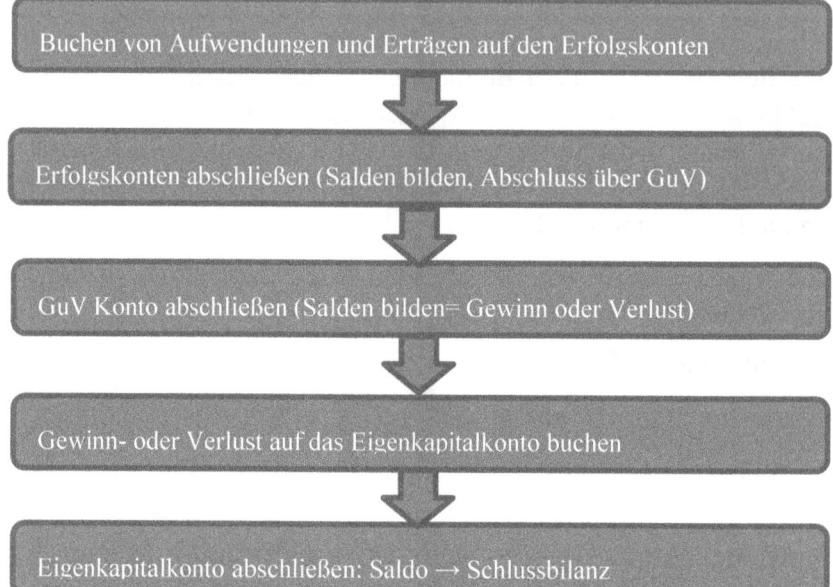

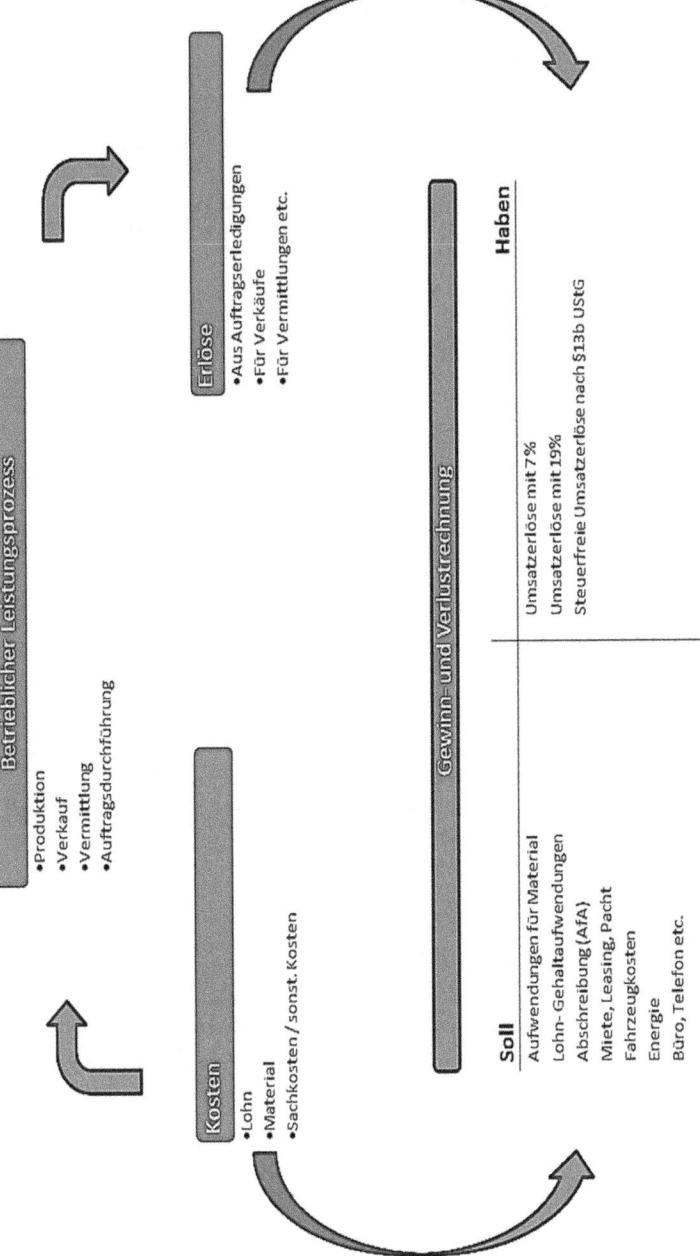

Betrieblicher Leistungsprozess
- Produktion
- Verkauf
- Vermittlung
- Auftragsdurchführung

Erlöse
- Aus Auftragserledigungen
- Für Verkäufe
- Für Vermittlungen etc.

Kosten
- Lohn
- Material
- Sachkosten / sonst. Kosten

Gewinn- und Verlustrechnung

Soll

Aufwendungen für Material
Lohn- Gehaltaufwendungen
Abschreibung (AfA)
Miete, Leasing, Pacht
Fahrzeugkosten
Energie
Büro, Telefon etc.

Haben

Umsatzerlöse mit 7%
Umsatzerlöse mit 19%
Steuerfreie Umsatzerlöse nach §13b UStG

BEISPIEL EINER GEWINN- UND VERLUSTRECHNUNG (GUV) ZUM 31.12 FÜR DIE ZEIT VOM 01.01.-31.12.

Kontennr.	Konten-Bezeichnung	Soll	Haben
4000	Material (Rohstoffe)	355.000,00 €	
4040	Bezogene Teile	48.000,00 €	
4100	Sammelkonto Löhne und Gehälter	400.000,00 €	
4130	Sammelkonto gesetzl. Sozialabgaben (AG-Anteil)	79.000,00 €	
4180	Freiwillige Sozialleistungen	17.500,00 €	
4200	Kleinmaterial	33.500,00 €	
4260	Schmierstoffe, Öle, Fett	21.000,00 €	
4390	Fremdstrom, Gas, Wasser	18.200,00 €	
4400	Betriebliche Steuern	20.500,00 €	
4450	Versicherungen	12.000,00 €	
4500	Miete, Pacht	15.500,00 €	
4520	Porti, Fernsprechgebühren	1.700,00 €	
4630	Büromaterial	3.100,00 €	
4570	Kfz-Unterhalt	10.950,00 €	
8090	Erlöse aus selbst hergestellten Erzeugnissen		1.210.000,00 €
8290	Erlöse aus Lohnaufträgen		220.000,00 €
8600	Erlösschmälerung	83.500,00 €	
8790	Bestandsveränderung		27.000,00 €
9000	Außerordentliche Aufwendungen	4.400,00 €	
9050	Außerordentliche Erträge		17.800,00 €
9100	Betriebsfremde Aufwendungen	15.000,00 €	
9150	Betriebsfremde Erträge		15.700,00 €
9300	Zins- und Diskontaufwendungen	36.800,00 €	
9410	Erträge aus Wertpapieren des Finanzanlagevermögens		6.500,00 €
9600	Bilanzielle Abschreibung auf Gebäude	7.250,00 €	
9610	Bilanzielle Abschreibung auf Kraftfahrzeuge	14.550,00 €	
9620	Bilanzielle Abschreibung auf sonstiges Anlagevermöger	36.500,00 €	
9630	Bilanzielle Abschreibung auf immaterielle Vermögens-gegenstände des Anlagevermögens	3.950,00 €	
9550	Bilanzielle Abschreibung auf das Umlaufvermögen	10.850,00 €	
		1.248.750,00 €	1.497.000,00 €
	Jahresüberschuss (Gewinn)	248.250,00 €	
		1.497.000,00 €	1.497.000,00 €

Bilanzen erstellen

Am Ende eines Kalenderjahres müssen Unternehmen einer bestimmten Rechtsform oder Größe eine Bilanz durchführen. Eine Bilanz zeigt die Vermögensverhältnisse und die Vermögensverteilung der Unternehmung zum Bilanzstichtag an.

Vorgehensweise - Kurzfassung

I. Um eine Bilanz selber erstellen zu können, muss zuerst eine Inventur erstellt werden. Bei einer Inventur werden alle Vermögensgegenstände in ihrem Wert in Euro bilanziert. Bei einer übersichtlichen Anzahl an Positionen und Werten kann dies eine simple Angelegenheit sein, bei dem z.b. einfach die komplette Büroausstattung katalogisiert, das Auto verwertet und der Girokontostand sowie der Kassenstand abgefragt bzw. gezählt wird.

II. Die Vermögensgegenstände aus der Inventur werden nun in größere Positionen zusammengefasst. Welche diese sind, ist abhängig von den jeweiligen Branchenregeln. Immer gibt es aber beispielsweise die Positionen Grundstücke, Technische Anlagen und Maschinen, Vorräte, Forderungen, flüssige Mittel, Eigenkapital, Rückstellungen und Verbindlichkeiten.

III. Die gerade genannten Positionen werden als Bestandskonten bezeichnet. Nachdem diese beim Erstellen feststehen, muss nur noch geprüft werden, ob es sich um aktive oder passive Bestandskonten handelt. Die aktiven Bestandskonten werden auf die linke Seite einer Bilanz gestellt und die passiven auf die rechte Seite.

Beide Seiten müssen immer die gleiche Summe erreichen.

IV. Aktive Bestandskonten sind das Anlage- und das Umlaufvermögen. Sie werden von oben nach unten in ihrer Liquidität aufgeführt, also in der Geschwindigkeit, in der sie als Geldwert zur Verfügung stehen. Das Anlagevermögen ist dabei immer weniger liquide, also weiter oben als das Umlaufvermögen. Zum Anlagevermögen gehören z.b. die Positionen Grundstücke und Technische Anlagen und Maschinen. Zum Umlaufvermögen gehören z.B. die Positionen Vorräte, Forderungen und flüssige Mittel.

V. Passive Bestandskonten sind das Eigenkapital und dann, von oben nach unten nach Fälligkeit sortiert, das Fremdkapital. Am weitesten oben stehen hier also die langfristigsten Fremdkapitalmittel, also z.B. Darlehen und weiter unten z.B. noch offene Handwerkerrechnungen in der Position Verbindlichkeiten aus Lieferungen und Leistungen.

VI. Beim Erstellen der ersten Bilanz eines (kleinen) Unternehmens kann es vorkommen, dass das Eigenkapital errechnet werden muss. Da beide Seiten der Bilanz ausgeglichen sein müssen, ergibt sich die Höhe des Eigenkapitals aus der Höhe der aktiven Bestandskonten minus der Fremdkapitalmittel.

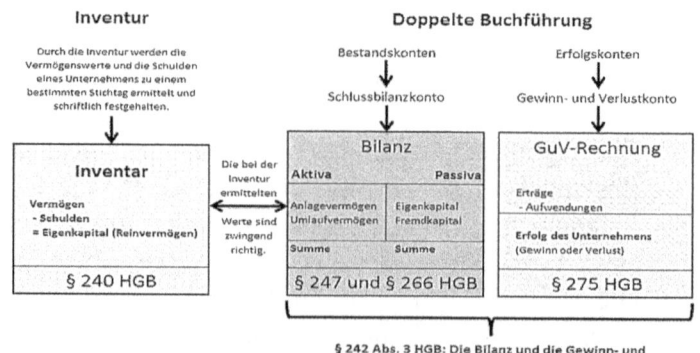

Inventur

Eine Inventur oder Bestandsaufnahme zeichnet Art, Menge und Wert aller Vermögensgegenstände und Schulden auf und diese Größen werden in der Bilanz gegenüber gestellt. Die Bestände sind grundsätzlich lückenlos aufzuführen.

Prinzipiell wird zwischen der körperlichen und der Buchinventur unterschieden. Alle Gegenstände, wie beispielsweise Maschinen, Anlagen oder Warenbestände - sozusagen alles was angefasst werden kann - werden bei der körperlichen Inventur gezählt oder gemessen, gewogen und geschätzt. Dabei entsteht ein Bestandsverzeichnis, Inventar, in dem nicht nur die Menge sondern auch der Zustand der Posten aufzuführen ist (z.b.: beschädigt).

Bei der Buchinventur werden dagegen alle nichtkörperliche Gegenstände, Bankguthaben und –schulden, Verbindlichkeiten an Lieferanten und Banken und Forderungen an Kunden festgehalten. Diese Werte können wertmäßig nur von buchhalterischen Aufzeichnungen festgestellt werden.

Die Verpflichtung zur Inventur besteht wenn:

- ein Unternehmen gegründet oder übernommen wird (§240 HGB und §§140f. AO)

- Am Ende eines Geschäftsjahres.

- Wenn das Unternehmen aufgelöst oder veräußert wird (§240 HGB und §§140f. AO).

Inventurverfahren

Die Stichtagsinventur

Die Stichtagsinventur ist die geläufigste Form der Inventur. An einem bestimmten Tag – meistens am Termin des tatsächlichen Jahresabschlusses – wird eine komplette mengenmäßige Bestandsaufnahme vorgenommen.

Die verlegte Inventur

Bei der verlegten Inventur sind Abweichungen bis zu drei Monate vor oder zwei Monate nach dem Bilanzstichtag möglich. Dennoch muss zum Abschlussstichtag eine wertmäßige Fortschreitung vorgenommen werden.

Die permanente Inventur

Bei der permanenten Inventur wird gänzlich auf die körperliche Bestandsaufnahme zu einem bestimmten Stichtag verzichtet. Zwar wird das gesamte Inventar während des Jahres einmal körperlich erfasst, allerdings nicht auf einmal, sondern die Inventur findet nebenher das ganze Jahr über statt.

Die Stichprobeninventur

Die Stichprobeninventur ermittelt den Bestand basierend auf Stichproben mit Hilfe von mathematisch-statistischen Verfahren.

Die Ergebnisse der Inventur müssen in einem dreigeteilten Verzeichnis nach vorgegebenen Regeln zusammengefasst werden.

Das Verzeichnis unterteilt sich in:

- Vermögen (geordnet nach der Flüssigkeit der einzelnen Positionen)
- Schulden (geordnet nach der Fälligkeit)

- Reinvermögen oder Eigenkapital (entspricht dem Vermögen minus der Schulden)

Jeder Artikel ist in der Regel einzeln aufzunehmen und zu bewerten, da grundsätzlich die

Einzelbewertung gilt. Jedoch können gleichartige und gleichwertige Gegenstände zu Gruppen zusammengefasst werden, was Arbeitsaufwand erspart. Warenbestände können alternativ sowohl zu Einkaufs- wie Verkaufspreisen aufgenommen werden. Einfacher und empfehlenswerter ist meist die Aufnahme zu Verkaufspreisen. Die Rückrechnung auf den Einstandspreis (Einkaufspreis plus Bezugskosten minus Skonti und Rabatte) erfolgt durch Abzug von Mehrwertsteuer und Handelsspanne. Diese Rückrechnung kann für Warengruppen gemeinsam erfolgen, wenn innerhalb dieser Gruppe gleiche Kalkulationsabschläge gelten. Der Abschlag muss ohne grobe Schätzungsfehler festzustellen sein. Eine Warenaufnahme nach Risiko- und Kalkulationsgruppen wird deshalb vorausgesetzt.

Grundsatz der Einzelbewertung

Nach §252 Abs.1 Nr. 3, HGB, ist jeder Vermögensgegenstand und Schuldposten einzeln zu bewerten. Hierbei ist die sogenannte Verkehrsfähigkeit maßgeblich, d.h., jeder selbständig nutzbare Gegenstand ist dabei eine verkehrsfähige und damit eine bewertungsfähige Einheit. Da schon einzelne Schrauben oder Kleinteile verkehrsfähig sein können, wäre die Einzelbewertung in großen Lägern viel zu aufwändig und kostenmäßig nicht zu vertreten. Der Gesetzgeber hat daher drei wesentliche Arten von Erleichterungen bei Erfassung und Bewertung vorgesehen:

- Gleichbewertung: Vermögensgegenstände des Sachanlagevermögens sowie Roh-, Hilfs- und Betriebsstoffe können, wenn sie regelmäßig ersetzt werden und ihr Gesamtwert für das Unternehmen von nachrangiger Bedeutung ist, mit einer gleichbleibenden Menge und einem gleichbleibenden Wert angesetzt werden. Eine körperliche Bestandsaufnahme (Inventur) ist dann nur alle drei Jahre notwendig.

- Durchschnittsbewertung: Gleichartige Vermögensgegenstände können jeweils zu einer Gruppe zusammengefasst und mit dem gewogenen Durchschnittswert angesetzt werden.

- Verbrauchsfolgebewertung: Für den Wertansatz gleichartiger Vermögensgegenstände des Vorratsvermögens darf unterstellt werden, dass die zuerst
(FIFO-Verfahren = first-in-first-out) oder die zuletzt
(LIFO-Verfahren = last-in-first-out)
angeschafften oder hergestellten Vermögensgegenstände zuerst veräußert werden.

Beispiel – Inventar

A. Vermögen   EURO

   I. Anlagevermögen
      1. Immaterielle Vermögensgegenstände   _____
      2. Grund und Boden   _____
      3. Gebäude   _____
      4. Technische Anlagen und Maschinen   _____
      5. Fuhrpark   _____
      6. Betriebs- und Geschäftsausstattung   _____
      7. Ladeneinrichtung   _____
      8. Finanzanlagen   _____

   II. Umlaufvermögen
      1. Rohstoffe   _____
      2. Hilfsstoffe   _____
      3. Betriebsstoffe   _____
      4. Unfertige Erzeugnisse   _____
      5. Fertige Erzeugnisse   _____
      6. Handelswaren   _____
      7. Forderungen aus Lieferungen und Leistungen   _____
      8. Sonstige Forderungen   _____
      9. Bankguthaben   _____
      10. Kassenbestand   _____

      Summe des Vermögens   _____

B. Schulden

   I. Langfristige Schulden
      1. Hypotheken   _____
      2. Darlehen   _____

   II. Kurzfristige Schulden
      1. Verbindlichkeiten aus Lieferungen und Leistungen   _____
      2. Sonstige Verbindlichkeiten   _____
   III.

      Summe der Schulden   _____

C. Ermittlung des Eigenkapitals

      Summe des Vermögens   _____
  – Summe der Schulden   _____

  = Reinvermögen (Eigenkapital)   _____

Inventar

Als Ergebnis der Inventur erhält man das Inventar. Ein Inventar ist beispielsweise gegliedert in folgende Positionen:

- Vermögensgegenstände
- Schulden
- Reinvermögen

Die Vermögensgegenstände werden im Inventar nach ihrer Liquidität (Flüssigkeit) in Anlagevermögen und Umlaufvermögen unterteilt.

Aus der Differenz zwischen den Vermögensgegenständen und Schulden errechnet sich das Reinvermögen (beziehungsweise das Eigenkapital).

a. Vermögen

Zu den Vermögensteilen gehören:

I. Anlagevermögen

Unter dem Anlagevermögen zählen alle Vermögensteile, die dem Unternehmen in der Regel langfristig dienen, wie

- Grund und Boden
- Gebäude
- Maschinen
- Fahrzeuge
- Betriebs- und Geschäftsausstattung (BGA)

Das Anlagevermögen bildet damit die Grundlage der Betriebstätigkeit.

II. Umlaufvermögen

Unter dem Umlaufvermögen zählen alle Vermögensteile, die ständig umgesetzt werden und nur kurzfristig im Unternehmen verbleiben.

Hierzu zählt man:

- Roh-, Hilfs- und Betriebsstoffe
- Fertig- und Halbfertigerzeugnisse
- Forderungen
- Geldvermögen

Im Gegensatz zum Anlagevermögen verändert sich das Umlaufvermögen ständig.

Die chronologische Ordnung der Vermögensteile erfolgt entsprechend ihrer Liquidität (Flüssigkeit). Somit stehen Grundstücke und Gebäude am Anfang, Kassenbestände mit der höchsten Liquidität am Ende.

b. **Schulden (Fremdkapital)**

Schulden stellen das im Unternehmen arbeitende Fremdkapital dar. Sie werden nach der Fälligkeit/ Dringlichkeit/ Fristigkeit der Zahlung eingeteilt in:

I. Langfristige Schulden

- Hypotheken
- Darlehen
- Langfristige Kredite

II. Kurzfristige Schulden

- Kurzfristige Kredite
- Kurzfristige Verbindlichkeiten

c. **Eigenkapital (Reinvermögen)**

Nach Abzug der Schulden vom Vermögen verbleibt das im Unternehmen befindliche Eigenkapital (Reinvermögen).

	Summe des Vermögens
-	Summe der Schulden
=	Eigenkapital (Reinvermögen)

Vom Inventar zur Bilanz

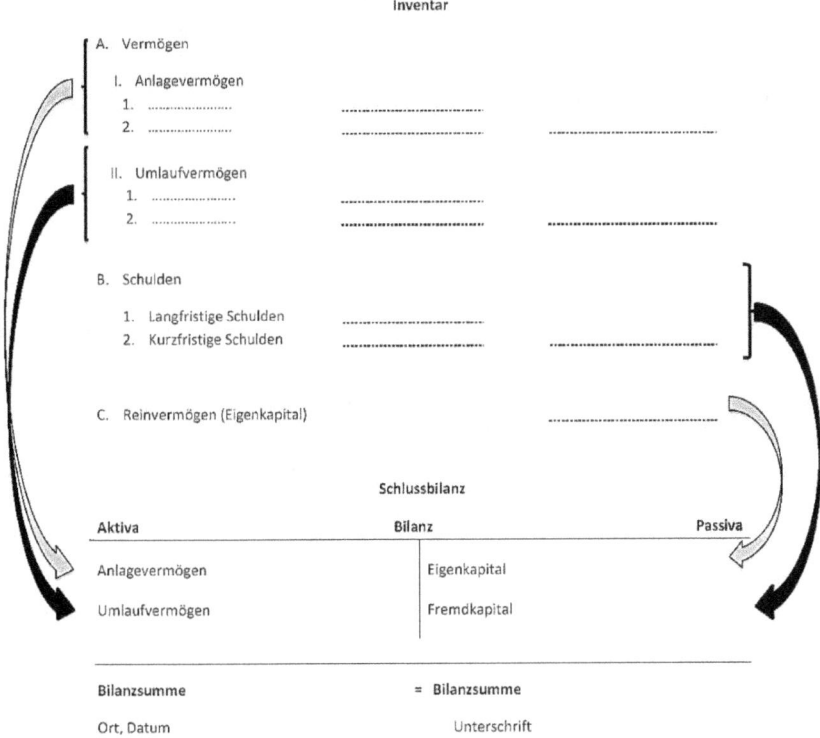

Die Bilanz ist ein zusammengefasstes, verkürztes Inventar in Kontenform mit der übersichtlichen Aufstellung aller Vermögensteile und Kapitalbestände.

Von der Bilanz zum Konto

> ➢ Konten sind Abrechnungen einzelner Bestände, Aufwendungen und Erträge zur Aufzeichnung der Wertbewegungen über einen bestimmten Zeitraum.
> ➢ Bestandskonten sind die aus der Bilanz gebildeten Konten zur Aufzeichnung der Wertbewegungen über einen bestimmten Zeitraum.

Jeder Geschäftsvorfall führt zur Veränderung der Bilanz, bei der immer mindestens zwei Bilanzpositionen betroffen sind. Daher ist es unzweckmäßig bei jeder Änderung eine neue Bilanz aufzustellen. Daher belässt man es, die Bilanz als kurzgefasste Gegenüberstellung aller Vermögens- und Kapitalwerte des Unternehmens zu einem bestimmten Zeitpunkt zu nutzen und die Konten (in dem Fall Bestandskosten) zur zwischenzeitlichen Erfassung der Wertbewegungen zu nutzen.

Bei der Auflösung der Bilanz in Bestandskonten wird wie folgt verfahren:

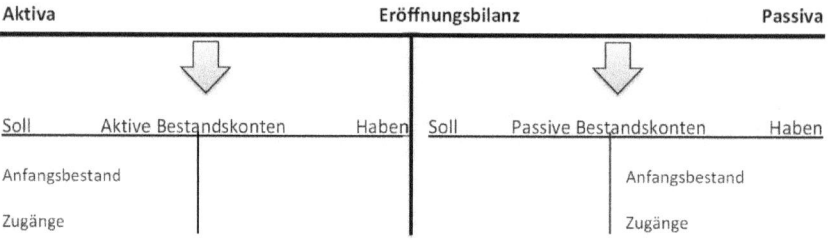

Zu Beginn des Geschäftsjahres werden die Bestände der Bilanz auf einzelne Bestandskonten vorgetragen. Sie sind die Einzelabrechnungen der verschiedenen Bilanzpositionen, dabei wird für jeden Posten der Bilanz mindestens ein Konto geführt.

Die jeweiligen Bestandsveränderungen die mit den einzelnen Geschäftsvorfällen einhergehen, werden auf dem jeweiligen Bestandskonto gebucht.

Die 4 möglichen Bestandsveränderungen sind:

Aktivtausch

- Auf der Aktivseite nimmt der Bestand einer Position zu, einer Anderen ab. *Beispiel: Bareinzahlung in Höhe von 500,00 Euro aus der Kasse auf das Girokonto*

Passivtausch

- Auf der Passivseite nimmt der Bestand einer Position zu, einer Anderen ab. *Beispiel: Aufnahme eines Bankdarlehnens in Höhe von 20.000,00 Euro zur Begleichung von Verbindlichkeiten aus Lieferungen und Leistungen*

Aktiv-Passiv-Mehrung

- Die Bilanzsumme nimmt durch die Mehrung des Aktivpostens verbunden mit der Mehrung des Passivposten zu. *Beispiel: Gutschrift eines gewährten Bankdarlehns in Höhe von 10.000,00 Euro auf das Bankkonto*

Aktiv-Passiv-Minderung

- Die Bilanzsumme nimmt durch die Minderung des Aktivpostens bei gleichzeitiger Minderung des Passivpostens ab. *BeispielTilgung eines Bankdarlehens in Höhe von 10.000,00 Euro aus dem Guthabne des Bankkontos*

Bei allen vier Möglichkeiten bleibt die Bilanzgleichheit beider Bilanzseiten gewahrt.

Bildung der Bestandskonten

Für jeden Bilanzposten wird mindestens ein Konto eingerichtet. Bei einer Reihe von Bilanzposten wird aus praktischen Gründen der Bilanzwert aufgegliedert und auf mehrere Konten aufgeteilt so zum Beispiel der Bilanzposten „Kassenbestand und Guthaben bei Kreditinstituten" auf die Konten „Kasse" und „Bank".

Aktiva		Bilanz	Passiva
Waren	19.000,00		29.500,00
Forderungen aus L+L	5.000,00	Verbindlichkeiten aus L+L	500,00
Kassenbestand und Gut-			
Haben bei Kreditinstituten	6.000,00		
	30.000,00		30.000,00

1. **Schritt** – Übernahme der Werte aus der Bilanz in die Buchführung

Soll		Saldenvorträge		Haben
Eigenkapital	29.500,00	Waren		19.000,00
Verbindlichkeiten aus L+L	500,00	Forderungen aus L+L		5.000,00
		Kasse		1.000,00
		Bank		5.000,00
	30.000,00			30.000,00

2. **Schritt** – Übertragen der Werte auf die Aktiv- und Passivkonten

Aktivkonten		Passivkonten	

Soll	Warenbestand	Haben
AB	19.000,00	

Soll	Eigenkapital	Haben
	AB	29.500,00

Soll	Forderungen a. L+L	Haben
AB	5.000,00	

Soll	Verbindl. a. L+L	Haben
	AB	500,00

Soll	Kasse	Haben
AB	1.000,00	

Soll	Bank	Haben
AB	5.000,00	

Aktivkonten werden aus der Aktivseite der Bilanz gebildet.

Passivkonten werden aus der Passivseite der Bilanz gebildet.

Beispiele für die Buchung von Beginn bis Ende des Geschäftsjahres

I. Eröffnungsbuchungen

Aktiva	Eröffnungsbilanz		Passiva
...		...	
...		Verbindlichkeiten aus LuL	9.000,00
Bank	10.000,00	...	
Kasse	3.000,00	...	

Soll	Kasse	Haben
AB	10.000,00	

Soll	Bank	Haben
	AB	9.000,00

Soll	Bank	Haben
AB	10.000,00	

II. Buchen von Geschäftsvorfällen

a) Einzahlung von 2.000,00 Euro aus der Kasse auf das Bankkonto

Aktivkonten

Soll	Kasse	Haben
AB 3.000,00		2.000,00 (Minderung)

Soll	Bank	Haben
AB	10.000,00	
+	2.000,00	(Mehrung)

b) Zahlung einer Verbindlichkeit aus Lieferungen und Leistungen in Höhe von 3.000,00 Euro durch Banküberweisung

Aktivkonten				Passivkonten		
Soll	**Bank**	**Haben**		**Soll**	**Verb. LuL**	**Haben**
AB	10.000,00	3.000,00	⟵⟶	3.000,00		AB 9.000,00
+	2.000,00					

3. Schritt – Kontenabschluss zum Ende des Geschäftsjahres

Die in der Bilanz auf der Aktiva (linke Seite) befindlichen Vermögensgegenstände bilden die aktiven Bestandskonten, auch Aktivkonten genannt.

Die in der Bilanz auf der Passiva (rechten Seite) befindlichen Bestände des Eigenkapitals und des Fremdkapitals bilden die passiven Bestandskonten, auch Passivkonten genannt.

Die Konteneröffnung erfolgt analog durch das Vortragen der Anfangsbestände, allerdings hier auf der Habenseite (rechte Seite).

Für die Buchung der Geschäftsvorfälle sind folgende Regeln zu beachten:

- Bestandsmehrungen vermehren den Anfangsbestand und stehen daher auf der gleichen Seite.
- Bestandsminderungen vermindern den Anfangsbestand und stehen daher auf der entgegengesetzten Seite.
- Die Wahrung des Bilanzgleichgewichts erfordert im Rahmen der doppelten Buchführung für jede Buchung eine Gegenbuchung. Eine Gleichheit auf den einzelnen Konten während eines bestimmten Zeitraums besteht nicht. Die Gleichheit der zwei

Bilanzseiten unter Berücksichtigung aller Konten geht jedoch nicht verloren.

- Am Ende eines bestimmten Zeitraumes stellt man den Saldo (Differenz) zwischen dem Anfangsbestand und Mehrungen, sowie Minderungen fest. In der Praxis stellt dies den tatsächlichen buchmäßigen Bestand (End-/Schlussbestand) des Einzelkontos dar.

- Trägt man diesen Saldo auf die summenschwächere Seite des Kontos ein und führ die Gegenbuchung auf einem Sammelkonto aller Schlussbestände auf dem Schlussbilanzkonto durch, dann ergibt sich hieraus die Schlussbilanz.

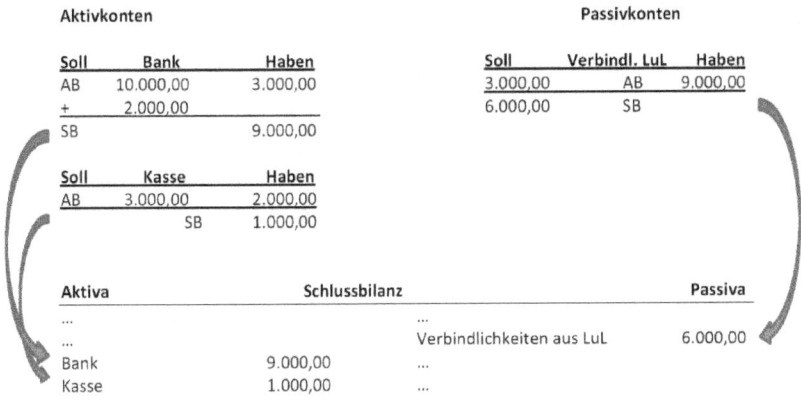

Somit ergibt sich nachfolgendes schematisches Kontenbild:

Soll	Aktivkonto	Haben
AB		- Minderungen
+ Mehrungen		Schlussbestand

Soll	Passivkonto	Haben
-Minderungen		AB
Schlussbestand		+Mehrungen

Praktisch entnimmt man der Eröffnungsbilanz des jeweiligen Geschäftsjahres, die entsprechend dem Grundsatz der Bilanzidentität der Schlussbilanz des vorangegangenen Geschäftsjahres entspricht, die einzelnen Bilanzpositionen und bildet daraus die Bestandskonten mit ihren Anfangsbeständen.

Aktivseite der Bilanz	=	aktive Bestandskonten
Passivseite der Bilanz	=	passive Bestandskonten

Anschließend werden die einzelnen Geschäftsvorfälle auf der Grundlage der entsprechenden Belege, z.B. Eingangsrechnungen, Ausgangsrechnungen, Kassenbelege etc. gebucht.

Laufende Buchführung

Das Erstellen von Grundbuch und Hauptbuch

Die Grundsätze ordnungsmäßiger Buchführung lassen eigentlich nur bei der ersten Bilanz eine Bilanz zu, die direkt aus dem Inventar abgeleitet wird. Im Normalfall muss durch die Bilanz und die entsprechenden Anhänge auch der Verlauf des Geschäftsjahres kenntlich gemacht werden. Hierzu werden die Bestandskonten aus der Bilanz in laufende Konten aufgelöst und über das Jahr regelmäßig die Zu- und Abgänge dokumentiert.

Auch das Eigenkapital darf nicht errechnet werden. Vielmehr werden mehrere Unterkonten des Eigenkapitals gebildet, die sogenannten Erfolgskonten.

Am Ende des Jahres werden die Erträge und Aufwendungen der Erfolgskonten in dem sogenannten GuV-Konto (Gewinne-und-Verluste-Konto) gegeneinander aufgerechnet und die Summe wird als Gewinn oder Verlust dem Eigenkapital zugerechnet.

E-Bilanz

Als Elektronische Bilanz (E-Bilanz) die elektronische Übermittlung einer Unternehmensbilanz an das zuständige Finanzamt bezeichnet. Grundsätzlich sind die Inhalte der Bilanz und Gewinn- und Verlustrechnung für Wirtschaftsjahre, die nach dem 31.12.2011 beginnen, durch Datenfernübertragung zu übermitteln.

Mit dem Steuerbürokratieabbaugesetz (SteuBAG) will der Gesetzgeber eine Erleichterung bei der Steuererhebung und einen Abbau der Bürokratie „im Interesse von Bürgerinnen und Bürgern, Unternehmen und Staat" erreichen. Durch die elektronische Übermittlung der Steuerbilanz sollen Fehlübertragungen zwischen der Papierform und den gespeicherten Daten vermieden, Prozesse effizienter gestaltet und umfassende Datenauswertungsmöglichkeiten seitens der Finanzverwaltung geschaffen werden.

Nach § 5b EStG besteht für Steuerpflichtige, die ihren Gewinn nach § 4 Absatz 1, § 5 oder § 5a EStG ermitteln, die Verpflichtung, den Inhalt der Bilanz sowie der Gewinn- und Verlustrechnung nach amtlich vorgeschriebenem Datensatz durch Datenfernübertragung zu übermitteln. Nach § 51 Absatz 4 Nummer 1b EStG ist das Bundesministerium der Finanzen ermächtigt, im Einvernehmen mit den obersten Finanzbehörden der Länder den Mindestumfang der elektronisch zu übermittelnden Bilanzen und Gewinn- und Verlustrechnung zu bestimmen.

Dies gilt für alle Unternehmen, die ihren Gewinn nach § 4 Absatz 1, § 5 oder § 5a EStG ermitteln. Danach sind die Inhalte einer Bilanz sowie Gewinn- und Verlustrechnung durch Datenfernübertragung zu übermitteln (sog. E-Bilanz), wenn diese nach den handels- oder steuerrechtlichen Bestimmungen aufzustellen sind oder freiwillig aufgestellt werden. Damit wird die bisherige Übermittlung durch Abgabe in Papierform durch eine Übermittlung durch Datenfernübertragung ersetzt. Dies gilt unabhängig von der Rechtsform und der Größenklasse des bilanzierenden Unternehmens. Auch die anlässlich einer Betriebsveräußerung, Betriebsaufgabe, Änderung der Gewinnermittlungsart oder in Umwandlungsfällen aufzustellende Bilanz ist durch Datenfernübertragung zu übermitteln.

Zur Vermeidung unbilliger Härten wird es in den Fällen eine Übergangszeit nicht beanstandet, wenn die Inhalte der Bilanz und Gewinn- und Verlustrechnung erstmals für Wirtschaftsjahre, die nach dem 31. Dezember 2014 beginnen, durch Datenfernübertragung übermittelt werden; das gilt allerdings jedoch nur, soweit sie auf die Ergebnisse der ausländischen Betriebsstätte entfallen. In dieser Übergangszeit kann die Bilanz sowie die Gewinn- und Verlustrechnung in Papierform abgegeben werden; eine Gliederung gemäß der Taxonomie ist dabei nicht erforderlich.

Taxonomie (Datenschema für Jahresabschlussdaten)

Eine Taxonomie ist ein Datenschema für Jahresabschlussdaten. Durch die Taxonomie werden die verschiedenartigen Positionen definiert, aus denen z. B. eine Bilanz oder eine Gewinn- und Verlustrechnung bestehen kann (also etwa die Firma des Kaufmanns oder die einzelnen Positionen von Bilanz und Gewinn- und Verlustrechnung) und entsprechend ihrer Beziehungen zueinander geordnet.

Taxonomiearten

- GCD-Modul (Stammdaten)
- Kerntaxonomie
- Branchentaxonomie für die Wohnungswirtschaft (JAbschl-WUV), Land- und Forstwirtschaft (BMELV-Musterabschluss), Krankenhäuser (KHBV), Pflegedienstleister (PBV), Verkehrsunternehmen (JAbschlVUV) und den kommunalen Eigenbetrieb (EBV oder ähnlichem)
- Bankentaxonomie (für alle Unternehmen, die nach RechKredV bilanzieren)

- Versicherungstaxonomie (für alle Unternehmen die nach RechVersV beziehungsweise RechPensV bilanzieren - hierunter fallen auch Pensionskassen)

Das Bundesamt für Finanzen stellt unter *www.e-steuer.de* entsprechende nähere Informationen und Downloads zur Verfügung.

Die elektronische Übermittlung der Inhalte der Bilanz und der Gewinn- und Verlustrechnung erfolgt grundsätzlich nach der Kerntaxonomie. Sie beinhaltet die Positionen für alle Rechtsformen, wobei im jeweiligen Einzelfall nur die Positionen auszufüllen sind, zu denen auch tatsächlich Geschäftsvorfälle vorliegen.

Für bestimmte Wirtschaftszweige wurden Branchentaxonomien erstellt, die in diesen Fällen für die Übermittlung der Datensätze zu verwenden sind. Dies sind Spezialtaxonomien (Banken und Versicherungen) oder Ergänzungstaxonomien (Wohnungswirtschaft, Verkehrsunternehmen, Land- und Forstwirtschaft, Krankenhäuser, Pflegeeinrichtungen, Kommunale Eigenbetriebe). Individuelle Erweiterungen der Taxonomien können nicht übermittelt werden.

Als „für handelsrechtlichen Einzelabschluss unzulässig" gekennzeichnete Positionen dürfen in den der Finanzverwaltung zu übermittelnden Datensätzen nicht verwendet werden.

Als „steuerlich unzulässig" gekennzeichnete Positionen sind im Rahmen der Umgliederung / Überleitung aufzulösen und dürfen in den der Finanzverwaltung zu übermittelnden Datensätzen nicht enthalten sein.

Da die übermittelten Datensätze auch im Übrigen den im Datenschema hinterlegten Rechenregeln genügen müssen, werden Positionen, die auf der gleichen Ebene wie rechnerisch verknüpfte Mussfelder stehen, als „Rechnerisch notwendig, soweit vorhanden" gekennzeichnet. Diese Positionen sind dann zwingend mit Werten zu übermitteln, wenn ohne diese Übermittlung die Summe der Positionen auf der gleichen Ebene nicht dem Wert der Oberposition

entspricht, mit denen diese Positionen rechnerisch verknüpft sind. Oberpositionen, die über rechnerisch verknüpften Mussfeldern stehen, sind als Summenmussfelder gekennzeichnet.

Werden z. B. im Datenschema rechnerisch in eine Oberposition verknüpfte Positionen übermittelt, so ist auch die zugehörige Oberposition mit zu übermitteln.

Die Taxonomie enthält die für den Mindestumfang im Sinne der §§ 5b, 51 Absatz 4 Nummer 1b EStG erforderlichen Positionen, die mit den am Bilanzstichtag vorhandenen Daten der einzelnen Buchungskonten auszufüllen sind. Dies gilt in Abhängigkeit davon, ob ein derartiger Geschäftsvorfall überhaupt vorliegt und in welchem Umfang diese Angaben für Besteuerungszwecke benötigt werden.

Folgende Positionseigenschaften sind hierbei zu unterscheiden:

Muss-Felder

Die in den Taxonomien als „Mussfeld" gekennzeichneten Positionen sind zwingend auszufüllen (Mindestumfang). Bei Summenmussfeldern gilt dies auch für die darunter liegenden Ebenen. Es wird elektronisch geprüft, ob formal alle Mussfelder in den übermittelten Datensätzen enthalten sind. Sofern sich ein Mussfeld nicht mit Werten füllen lässt, weil die Position in der ordnungsmäßigen individuellen Buchführung nicht geführt wird oder aus ihr nicht ableitbar ist, ist zur erfolgreichen Übermittlung des Datensatzes die entsprechende Position ohne Wert (technisch: NIL-Wert) zu übermitteln.

Für die als „Mussfeld, Kontennachweis erwünscht" gekennzeichneten Positionen gelten die Ausführungen zum Mussfeld in gleicher Weise.

Darüber hinaus ist ein freiwilliger Kontennachweis auch für jedwede andere Taxonomieposition durch Datenfernübertragung möglich.

Auffangpositionen

Um Eingriffe in das Buchungsverhalten zu vermeiden, aber dennoch einen möglichst hohen Grad an Standardisierung zu erreichen, sind im Datenschema der Taxonomie Auffangpositionen eingefügt (erkennbar durch die Formulierungen im beschreibenden Text „nicht zuordenbar" in der Positionsbezeichnung). Ein Steuerpflichtiger, der eine durch Mussfelder vorgegebene Differenzierung für einen bestimmten Sachverhalt nicht aus der Buchführung ableiten kann, kann zur Sicherstellung der rechnerischen Richtigkeit für die Übermittlung der Daten alternativ die Auffangpositionen nutzen.

Ausnahmeregelungen für bestimmte Berichtsteile/Positionen sind Kapitalkontenentwicklung für Personenhandelsgesellschaften und andere Mitunternehmerschaften. Die in diesem Bereich als Mussfelder gekennzeichneten Positionen sind für eine verpflichtende Übermittlung erst für Wirtschaftsjahre vorgesehen, die nach dem 31. Dezember 2014 (Übergangsphase) beginnen. In der Übergangsphase werden die nach Gesellschaftergruppen zusammengefassten Mussfelder der Kapitalkontenentwicklung in der Bilanz erwartet, sofern keine Übermittlung im eigenen Teil „Kapitalkontenentwicklung für Personenhandelsgesellschaften und andere Mitunternehmerschaften" erfolgt. Wird in dieser Übergangsphase der eigene Berichtsbestandteil Kapitalkontenentwicklung dennoch eingereicht, so müssen in der Bilanz nur die Positionen der Ebene „Kapitalanteile der persönlich haftenden Gesellschafter" / „Kapitalanteile der Kommanditisten" verpflichtend übermittelt werden. Die untergeordneten Mussfelder können ohne Wert (NIL-Wert) übermittelt werden.

Sonder- und Ergänzungsbilanzen bei Personenhandelsgesellschaften und anderen Mitunternehmerschaften sind jeweils in gesonderten Datensätzen nach dem amtlich vorgeschriebenen Datensatz durch Datenfernübertragung zu übermitteln.

Für Wirtschaftsjahre, die vor dem 1. Januar 2015 enden, wird es nicht beanstandet, wenn Sonder- und Ergänzungsbilanzen in dem Freitextfeld „Sonder- und Ergänzungsbilanzen" im Berichtsbestandteil „Steuerliche Modifikationen" übermittelt werden.

Abschreibungen auf immaterielle Vermögensgegenstände des Anlagevermögens und Sachanlagen

Die Positionen in den Ebenen unter „Abschreibungen auf immaterielle Vermögensgegen-stände des Anlagevermögens und Sachanlagen" könn

en ohne Wert (NIL-Wert) übermittelt werden, wenn der Datensatz die Angaben in einem freiwillig übermittelten Anlagespiegel im XBRL-Format enthält.

Überleitungsrechnungen

Wird ein handelsrechtlicher Einzelabschluss mit Überleitungsrechnung übermittelt, müssen die Positionen in den Berichtsbestandteilen Bilanz und Gewinn- und Verlustrechnung die handelsrechtlichen Positionen und jeweiligen Wertansätze enthalten. Die nach § 5b Absatz 1 Satz 2 EStG vorzunehmenden steuerrechtlichen Anpassungen aller Positionen (auf allen Ebenen), deren Ansätze und Beträge den steuerlichen Vorschriften nicht entsprechen, sind mit der Überleitungsrechnung der Taxonomie darzustellen.

Zusätzlich einzureichende Unterlagen

Die zusätzlichen nach § 60 Abs. 3 EStDV der Steuererklärung beizufügenden Unterlagen können in den entsprechenden Berichtsteilen der Taxonomie durch Datenfernübertragung übermittelt werden. Die Taxonomie wird regelmäßig auf notwendige Aktualisierungen geprüft und um Branchentaxonomien erweitert.

Strukturbilanz

Die Erstellung einer Strukturbilanz dient der leichteren Verständlichkeit der Bilanz eines Unternehmens und damit der direkten Vergleichbarkeit mit anderen Mitbewerbern.

Zur Analyse einer Bilanz werden einzelne Unternehmensposten zusammengefasst. So ist die Ermittlung aussagekräftiger Kennzahlen möglich. Diese Zusammenfassung wird Strukturbilanz genannt.

Die Aktivseite der Strukturbilanz zeigt die Vermögensverhältnisse auf, während die Passivseite die Kapitalstruktur näher betrachtet.

Strukturbilanz	
Anlagevermögen	**Eigenkapital**
• Immaterielles Anlagevermögen • Sachanlagen • Finanzanlagen • Forderungen >1 Jahr	• Gezeichnetes Kapital • Kapitalrücklagen • Gewinnrücklagen • Gesellschafterdarlehn • Sonstige Hinzurechnungen (Disagio, nicht ausgewiesene Rückstellungen etc.)
Umlaufvermögen	**Berücksichtigung der Gewinnverwendung**
• Vorräte • Forderungen <1Jahr • Wertpapiere (Eigenanteile etc.) • Liquide Mittel • Aktive Rechnungsabgrenzungsposten	• +/- Jahresüberschuss/-fehlbetrag • +/- Gewinn-/Verlustvortrag • - auszuschüttender Betrag
	Langfristiges Fremdkapital
	• Pensionsrückstellungen • Verbindlichkeiten (>/= 5 Jahre)
	Mittelfristiges Fremdkapital
	• Verbindlichkeiten • +/- Gewinn-/Verlustvortrag • Verbindlichkeiten von 1-5 J. Laufzeit
	Kurzfristiges Fremdkapital
	• Steuern und sonst. Rückstellungen • Verbindlichkeiten <1 Jahr • Passiver Rechnungsabgrenzungsposten • Dividendenausschüttungen

Bewertung der Bilanz – Bilanzanalyse

1. Eingruppieren der Bilanzpositionen

Um eine kritische Beurteilung der Bilanz zu ermöglichen, muss diese zuerst aufbereitet werden. Die verschiedenen Bilanzpositionen sind daher nach unterschiedlichen Gesichtspunkten aufzuschlüsseln und jeweils zusammenzufassen.

Die Vermögensseite beinhaltet das Anlage und das Umlaufvermögen, die Kapitalseite das Eigen- und das Fremdkapital. Das Umlaufvermögen wird nach der Flüssigkeit in die Gruppen: Vorräte, Forderungen und flüssige Mittel aufgeschlüsselt. Das Fremdkapital wird nach der Fälligkeit: Langfristiges Fremdkapital und Kurzfristiges Fremdkapital geordnet. Passive Rechnungsabgrenzungsposten werden den kurzfristigen Verbindlichkeiten, Aktive Rechnungsabgrenzungsposten den langfristigen Verbindlichkeiten zugeschrieben.

2. Bilanzstruktur

Eine Bilanzstruktur ist das Ergebnis der aufbereiteten Bilanz. Aus ihr lässt sich bereits deutlicher der Vermögens- und Kapitalaufbau des Unternehmens ablesen.

Bilanzstruktur	
Vermögen	**Kapital**
I. Anlagevermögen	I. Eigenkapital
II. Umlaufvermögen	II. Fremdkapital
(1) Vorräte	(1) 1 langfristiges Fremdkapital
(2) Forderungen	(2) 2 kurzfristiges Fremdkapital
(3) Flüssige Mittel	

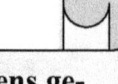

Aufbereitete Bilanzen eines Unternehmens geben Auskunft über die

Finanzierung
Eigenkapital : Fremdkapital

Vermögensstruktur
Anlagevermögen : Umlaufvermögen

Anlagendeckung
Eigenkapital : Anlagevermögen

Liquidität
flüssige Mittel : kurzfristige Verbindlichkeiten

Bilanzkritik

Die Bilanzkritik ist die analytische Auswertung einer Bilanz, etwa im Hinblick auf die Investitionswürdigkeit eines Unternehmens. Grundsätzlich geht es in der Bilanzkritik darum, Erkenntnisse zu ermitteln über:

- die Ertragslage und -entwicklung der Unternehmung,
- die Art und Struktur der Mittelherkunft und Mittelverwendung
- das Ausmaß realisierter Kapitalerhaltung,
- die finanzielle Lage und Entwicklung der Unternehmung.

Die Bilanzkritik beruht stets auf dem Prinzip des Bilanzvergleiches, d.h. die Resultate einer Jahresbilanz werden mit anderen Jahren verglichen, um so lang- oder kurzfristige Entwicklungen aufdecken zu können. Grundsätzlich unterscheidet man zwischen interner und externer Bilanzkritik. Eine interne Bilanzkritik dient der Erfolgskontrolle durch die Unternehmensführung, eine externe dagegen der Einschätzung des Unternehmens durch Außenstehende, etwa durch Finanziers. Ein wichtiger technischer Unterschied zwischen beiden Formen der Bilanzkritik besteht darin, dass die externe Kritik in der Regel nur auf die veröffentlichte Bilanz zurückgreifen kann, während eine interne Kritik auch Zugriff auf weitere Geschäftsunterlagen (Korrespondenzen, laufende Buchhaltung etc.) hat.

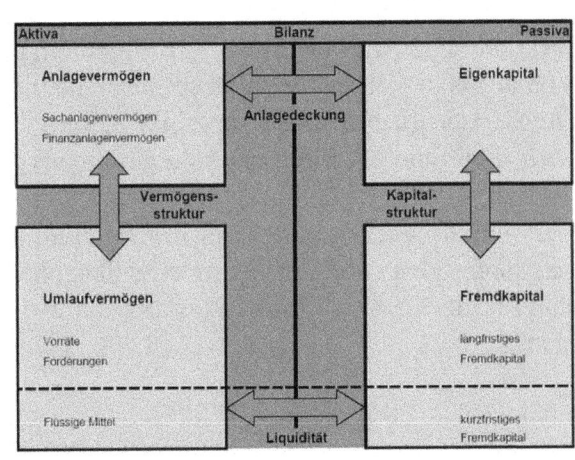

Beurteilung der Kapitalausstattung

Grad der Kapitalausstattung / Finanzierung

Bei der Bewertung der Kapitalausstattung oder Finanzierung wird in erster Linie die Frage beantwortet, ob das Unternehmen überwiegend mit eigenen oder fremden Mitteln arbeitet. Hierbei ist zu beachten, dass das Eigenkapital zwei Aufgaben zu erfüllen hat: zum einen eine Haftungs- und Garantiefunktion gegenüber Gläubigern, zum anderen eine Finanzierungsfunktion, um die fristgerechte Finanzierung von Vermögensteilen, welche langfristig im Unternehmen gebunden sind zu gewährleisten. Man spricht hier von der Anlagendeckung. Der Anteil des Eigenkapitals am Gesamtkapital wird aus diesem Grund auch in erster Linie von der Anlagenintensität des Unternehmens bestimmt.

Anlagenintensive Betriebe (z.B. Stahl- und Energiebetriebe) benötigen eine höhere Ausstattung an Eigenkapital als beispielsweise verarbeitende Unternehmen. Eine allgemein gültige Regel über das Verhältnis des Eigenkapitals zum Fremdkapital gibt es daher nicht. Die wirtschaftliche und finanzielle Stabilität eines Unternehmens wird aber generell durch ein höheres Eigenkapital bestimmt.

Der Anteil des Eigenkapitals im Verhältnis zum Gesamtkapital zeigt somit den Grad der finanziellen Unabhängigkeit und ist Maßstab für die Kreditwürdigkeit und Krisenfestigkeit eines Unternehmens.

Verschuldungsgrad

Der Verschuldungsgrad wird auch als Verschuldungskoeffizient bezeichnet und definiert gibt das Verhältnis zwischen dem bilanziellen Fremd- und Eigenkapital eines Unternehmens an. Hierbei handelt es sich folglich um eine betriebswirtschaftliche Kennzahl, die den Grad der Fremdfinanzierung prozentual darstellt.

Ein höherer Verschuldungsgrad spiegelt einen hohen Anteil von Fremdkapital im Unternehmen wieder, was in aller Regel mit einer negativen Bonitätsbewertung und somit auch der Kreditchancen sowie -konditionen einhergeht. Das Unternehmen begibt sich somit in die Abhängigkeit externen Gläubigern.

Der Verschuldungsgrad sollte nicht mit der Fremdkapitalquote verwechselt werden. Dieser Wert gibt den Anteil des externen Kapitals im Unternehmen am Gesamtkapital (Bilanzsumme) wieder. Die Fremdkapitalquote gibt keine Auskunft über das Verhältnis des Fremdkapitals zum Eigenkapital.

Grad der *Selbstfinanzierung*

Der Grad der Selbstfinanzierung gibt gleichzeitig den Grad der finanziellen Unabhängigkeit an. Diese finanzielle Unabhängigkeit bezieht sich auf Unternehmen, die damit unabhängig von Kreditaufnahmen sind im Hinblick auf Investitionen und andere geschäftliche Ausgaben.

Der Grad der Selbstfinanzierung errechnet sich aus dem zur Verfügung stehenden Eigenkapital durch das Gesamtkapital.

Der Grad der Selbstfinanzierung kann nie größer als 1 werden. Je näher der Wert an 1 heran rückt, desto günstiger sind die Konditionen für aufzunehmende Kredite.

Kennzahlen der Kapitalstruktur (Finanzierung)

Eigenkapitalquote

Definition: Die Eigenkapitalquote bezeichnet den Anteil des Eigenkapitals am Gesamtkapital (Bilanzsumme), ausgedrückt in Prozent.

Sie ist einer der Indikatoren für das Risiko und die Bonität eines Unternehmens.

Formel:

$$\frac{Eigenkapital}{Gesamtkapital} \, x \, 100 = Eigenkapitalquote$$

Interpretation:

hohe Eigenkapitalquote

- höhere Kreditwürdigkeit (Bonität)

- eine geringe Verschuldung;

- ein geringeres Risiko an Insolvenztatbeständen

- eine höhere Unabhängigkeit für das Unternehmen, unabhängiger gegenüber Fremdkapitalgeber

Nachteil: Eine hohe Eigenkapitalquote wirkt sich jedoch negativ auf die Eigenkapitalrentabilität aus.

Anspannungskoeffizient

Definition: Der Anspannungskoeffizient, auch Fremdkapitalquote genannt, ist eine Bilanzkennzahl zur Analyse der Kapitalstruktur von Unternehmungen.

Mit ihm soll das Kapitalrisiko für Investoren beurteilt werden.

Formel:

$$\frac{Fremdkapital}{Gesamtkapital} \, x \, 100 = Anspannungskoeffizient$$

Interpretation:

hoher Anspannungskoeffizient

- Indikator für zunehmende Schwierigkeiten bei der zukünftigen Verschuldung

- Risiko der Kündigung von Krediten steigt

Gewinnschwellenberechnung (Break-even-Point)

Der Break Even Point (Abkürzung BEP) ist der Punkt, an dem die Erlöse und die Kosten identisch sind und somit weder Verlust noch Gewinn erwirtschaftet wird.

$$BEP = \frac{Fixkosten}{(Erlöse - variable \; Kosten)}$$

oder

$$BEP = \frac{\text{Fixkosten}}{\text{Stückdeckungsbeitrag}}$$

Der Break-Even-Point kann zudem auch grafisch ermittelt und dar-gestellt werden.

Bei der graphischen Ermittlung des Gewinnschwellenpunktes geht man folgender Maßen vor:

- **1. Schritt:** Darstellung der Fixkosten
- **2. Schritt:** Darstellung der Kostenfunktion
- **3. Schritt:** Darstellung der Umsatzfunktion
- **4. Schritt:** Break Even Point bestimmen

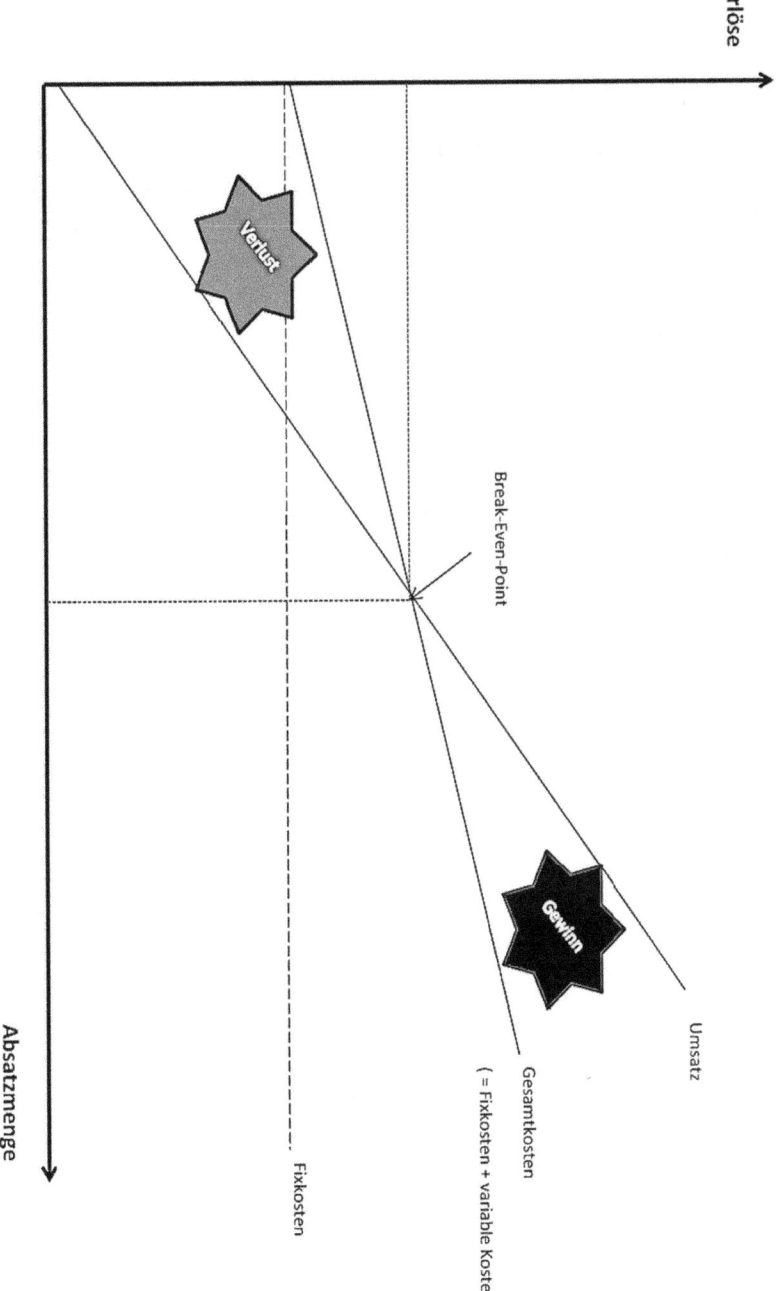

Erlöse

Break-Even-Point

Absatzmenge

Verlust

Gewinn

Umsatz

Gesamtkosten
(= Fixkosten + variable Kosten)

Fixkosten

Abgrenzungen

- Aufwand

Als Aufwand bezeichnet man alle während einer Rechnungsperiode erfassten Geschäftsvorgänge, die eine Minderung des Eigenkapitals verursachen. Ausgenommen davon bleiben Privatentnahmen und Kapitalherabsetzungen.

- Kosten

Als Kosten bezeichnet man den in Geld bewerteten Verbrauch (Verzehr) von Gütern und Dienstleistungen, der bei der Erstellung betrieblicher Leistungen anfällt.

Aufwand		
neutraler Aufwand	Zweckaufwand	
betriebsfremd Außerordentlich Periodenfremd	als Kosten voll zu verrechnender Zweckaufwand	nicht in selber Höhe verrechenbarer Zweckaufwand
	Grundkosten	Anderskosten / Zusatzkosten kalkulatorische Kosten
	Kosten	

Merke: Neutrale Aufwendungen stellen keine Kosten dar!

Neutrale Aufwendung unterscheidet man zwischen

betriebsfremd	**außerordentlich**	**periodenfremd**
• zum Beispiel: Spenden	• zum Beispiel: Verkäufe aus dem Anlagevermögen unter Buchwert	• zum Beispiel: Nachzahlungen der Gewerbesteuer

Kalkulatorische Kosten unterscheidet man zwischen:

Anderskosten	**Zusatzkosten**
• kalkulatorische Abschreibungen • kalkulatorische Wagnisse • kalkulatorische Zinsen • ...	• kalkulatorische Miete • kalkulatorischer Unternehmerlohn • ...

Systeme der Kostenrechnung

Kostenrechnungssysteme sind eine zur Erfüllung bestimmter Rechnungszwecke oder Rechnungsbereiche konzipierte Gesamtheit von Regeln zur Erfassung, Auswertung von Kosten. Die Differenzierung erfolgt in der Regel anhand der Kriterien:

- Zeitbezug der Kostengrößen: Es werden IST-Kostenrechnung, Normalkostenrechnung und Plankostenrechnung unterschieden.
- Art und Umfang der Kostenverrechnung: Es wird zwischen Teil- und Vollkostenrechnung unterschieden.

In der Kostenartenrechnung werden die Kosten, die in einem Unternehmen entstanden sind erfasst und nach bestimmten Kriterien eingeteilt.

Die Ergebnisse der Kostenartenrechnung bilden die Grundlage für die Kostenstellen- und Kostenträgerrechnung.

Kosten Zuordnung	
Entsprechend der Produktionsfaktoren	Entsprechend der Funktion
• Kosten für Betriebsmittel • Kosten für Fremdleistungen • Materialkosten • kalkulatorische Kosten	• Beschaffungskosten • Fertigungskosten • Vertriebskosten • Verwaltungskosten • Entwicklungskosten

Materialkosten

Unter den Begriff Materialkosten versteht man jene Kosten, die durch den Materialeinsatz im Betrieb entstehen. Als Materialeinsatz wird der Verbrauch an Material innerhalb einer Abrechnungsperiode bezeichnet.

Die Ermittlung der Materialkosten muss in zwei Schritten erfolgen:

1. Erfassung der verbrauchten Mengen
2. Wertmäßige Bewertung der verbrauchten Mengen

Methoden zur Erfassung der verbrauchten Mengen

- Inventurmethode

Diese erfasst den gesamten Verbrauch einer Periode nach der einfachen Beziehung:

Verbrauch =
Lagerbestand zu Beginn der Periode + Lagerzugänge - Lagerabgänge

Nachteil:
Mit dieser Methode kann man nicht feststellen, für welche Kostenstelle bzw. Kostenträger die Entnahmen erfolgten. Hierzu sind zusätzliche arbeits- und zeitaufwendige Messungen (z.B. mehrere Inventuren im Jahr) erforderlich. Bestandsminderungen wie Schwund, Diebstahl und Verderb können nicht erfasst werden.

Ergebnis:
Die Inventurrechnung ist für Zwecke der Finanzbuchhaltung, aber nicht für die Kostenrechnung geeignet.

- Fortschreibungsmethode (Skontrationsmethode)

Bei diesem Verfahren werden die dem Lager entnommene Materialmengen mit Hilfe von Materialentnahmescheinen erfasst.

Verbrauch = Lagerabgänge laut Materialentnahmescheine

Vorteil:
Sowohl Verwendungsort, als auch der Verwendungszweck des Materials sind sofort ersichtlich. Auch der buchmäßige Soll-Lagerbestand kann so festgestellt werden. Materialschwund und ähnliches können durch einen Vergleich von Sollbestand und Inventurbestand errechnet werden.

- Retrograde Methode (Rückrechnung)

Diese Methode geht von der Menge der in einer Periode produzierten Halb- und Fertiggüter aus. Der Materialverbrauch ergibt sich durch Multiplizierung dieser Mengen mit im Voraus geplanten Soll-Verbrauchsmengen der Produktarten. Die Rückrechnung erfolgt in der Regel über sogenannte Stücklisten.

Nachteil:
Jeder vom Soll abweichender Verbrauch kann erst durch die jährliche Inventur festgestellt werden.

Verbrauch = erstellte Güter x Soll-Verbrauchsmenge je Stück

Bewertung des Materialverbrauchs

Zur Bewertung eines gegebenen Materialverbrauchs sind die verschiedenen Materialmengen, die ein Unternehmen in der Periode verbraucht, zu unterschiedlichen Zeiten von oft unterschiedlichen Zulieferern und zu unterschiedlichen Preisen eingekauft wurden, zu berücksichtigen.

Bei gleichartigen Produkten ergibt sich die Problematik, einen wirtschaftlich sinnvollen Preis für die Bewertung des Materialverbrauchs zu ermitteln.

Methoden der Bewertung

Gewogene Durchschnittsmethode

Wert des Verbrauchs = durchschnittlicher Anschaffungswert

Ermittlung des Durchschnittspreises

Ø Einstandspreis=

$$\frac{\text{Anfangsbestand x Einstandspreis + Zugänge x jew. Einstandspreis}}{\text{Anfangsbestand + Zugänge}}$$

Der durchschnittliche Anschaffungswert wird als gewichtetes Mittel errechnet.

Es erscheint sinnvoll, aber mit jeder neuen Beschaffung muss meist ein neuer Durchschnittswert berechnet werden.

Gleitende Durchschnittsmethode

Die gleitende Durchschnittsmethode ist ein Verfahren zur Glättung von Zeitreihen.

Sie setzt voraus, dass innerhalb der Zeit (kurzfristige) Schwankungen zyklisch auftreten (z.B. saisonale Produkte) und dass die Werte relativ konstant sind.

Formeln:

Gesamtpreis =
Anfangsbestand x Einstandspreis x jeweiliger Einstandspreis

$$\varnothing \text{ Preis}_1 = \frac{\text{Gesamtwert}_1}{\text{Anfangsbestand} + \text{Zugang}_1}$$

Weiterer Zugang:

$$\varnothing \text{ Preis}_2 = \frac{\text{Gesamtwert}_2}{\text{Bestand}_2}$$

$$\text{Gesamtwert}_2 = \text{Gesamtwert}_1 + (\text{Zugang}_2 + \text{Einstandspreis}_2)$$

Bei zwischenzeitlichem Abgang:

$$\text{Gesamtwert}_3 = \text{Gesamtwert}_2 - (\text{Abgang}_3 \times \varnothing \text{ Preis}_2)$$

Verbrauchsfolgebewertung

Verbrauchsfolgeverfahren können angewendet werden, wenn der Verbrauch des Materials jeweils in einer bestimmten Reihenfolge stattfindet.

Zeitfolgen sind anwendbar, wenn das Material in einer bestimmten zeitlichen Reihenfolge verbraucht wird.

Fifo-Verfahren
(First in, first out)

Dieses Verfahren wird gewählt, wenn das zuerst beschaffte Material auch zuerst verbraucht wird. Der Verbrauch wird daher mit den Preisen der ersten Zugänge bewertet.

Lifo-Verfahren
(Last in, first out)

Dieses Verfahren kommt in Frage, wenn die Materialien, die zuletzt beschafft worden sind, zuerst verbraucht werden. Die Verbrauchsbewertung erfolgt daher zu den Preisen der zuletzt beschafften Güter.

Die Preisfolgen gehen davon aus, dass das Material in einer bestimmten preislichen Reihenfolge verbraucht wird:

Hifo-Verfahren
(Highest in, first out)

Das Verfahren ist dann sinnvoll, wenn zumindest rechnerisch die Materialmengen mit den höchsten Einkaufspreisen zuerst verbraucht werden.

Lofo-Verfahren
(Lowest in, first out)

Das Verfahren ist dann sinnvoll, wenn zumindest rechnerisch die Materialmengen mit den niedrigsten Einkaufspreisen zuerst verbraucht werden.

Festpreisverfahren

Hierbei handelt es sich um eine Methode zur Bewertung des Materialverbrauchs, bei der die Materialpreise über längere Zeit konstant gehalten werden.

Der Vorteil des Festpreisverfahrens liegt darin, dass die monatliche Berechnung des Durchschnittswerts entfällt. Die Festpreise werden zumeist über den Zeitraum eines Jahr konstant gehalten. Nachfolgend wird dieser überprüft und gegebenenfalls neu festgelegt. Sie sollen eine innerbetriebliche Lenkungsfunktion ausüben und sind deshalb an langfristigen Marktpreisen unter Berücksichtigung der absehbaren Zukunftsentwicklung zu orientieren.

Istpreisverfahren

Hierbei handelt es sich um eine Methode zur Bewertung des Materialverbrauchs, bei der die Verbrauchsmengen nach Maßgabe der Einstandspreise bewertet werden.

Der Nachteil des Istpreisverfahrens liegt in der Notwendigkeit, für jeden Monat einen neuen Durchschnittswert zu errechnen.

Kalkulatorische Kosten

Kalkulatorische Kosten werden berechnet, um ein möglichst genaues, realitätsnahes Betriebsergebnis zu ermitteln. Dieses Betriebsergebnis soll frei sein von manipulativen Einflüssen, denen die Bilanz und die GuV unterliegen.

Kalkulatorische Abschreibung

Die kalkulatorische Abschreibung hat zur Aufgabe, die tatsächliche Wertminderung des Anlagevermögens zu erfassen und als Kosten zu verrechnen.

Einflussgrössen der kalkulatorische Abschreibung		
Kalkulatorischer Ausgangswert	Abschreibungsverfahren	Abschreibungsdauer
Anschaffungskosten Herstellungskosten Wiederbeschaffungs- kosten	linear degressiv progressiv leistungsabhängig	technische Nutzungsdauer wirtschaftliche Nutzungsdauer

Formel:

$$\text{Kalkulatorische Abschreibung} = \frac{\text{Wiederbeschaffungspreis am Rechnungstag}}{\text{Nutzungsdauer}}$$

$$\text{Jährlicher Abschreibungssatz in \%} = \frac{\text{Jährlicher Abschreibungsbetrag}}{\text{Wiederbeschaffungswert}} \times 100$$

Lineare Abschreibung

Diese Abschreibungsmethode zeichnet sich durch eine gleichmäßige Verteilung der Anschaffungs-, Herstellungs- oder Wiederbeschaffungskosten eines Anlageobjektes auf die Jahre seiner betriebsgewöhnlichen Nutzung aus.

Die jeweilige Nutzungsdauer richtet sich nach der erfahrungsgemäßen wirtschaftlichen Leistungsfähigkeit.

Die lineare Abschreibung ist das in den meisten Kostenrech-
nungssystemen verwendete Abschreibungsverfahren, da es rech-
nungstechnisch einfach zu handhaben ist und alle Teilperioden
der Nutzungsdauer gleichmäßig berücksichtigt.

$$\text{Lineare Abschreibung} = \frac{\text{Wertansatz - Liquidationserlöse}}{\text{Nutzungsdauer in Jahren}}$$

oder:

$$\text{Linearer Abschreibungssatz} = \frac{\text{Wiederbeschaffungswert}}{\text{Nutzungsdauer}}$$

Degressive Abschreibungen

Bei dieser Variante der Abschreibungen werden die Abschrei-
bungssätze betragsmäßig von Jahr zu Jahr geringer. Die Degressive Abschreibung kann in zwei Formen auftreten:
geometrisch-degressive Abschreibung oder *arithmetisch-degres-
sive Abschreibung.*

Bei der arithmetisch-degressiven Abschreibung fallen die ermittelten Abschreibungsbeträge in gleichen Intervallen.

Bei dem geometrisch-degressiven Abschreibungssatz wird der
Abschreibungssatz genauso wie bei der linearen Abschreibung ermittelt. Allerdings wird in diesem Fall vom jeweiligen Buchwert
und nicht vom Anschaffungswert abgeschrieben.

$$\text{Geometrisch-degressive Abschreibung} = \frac{\text{Anschaffungs- und Herstellungskosten x Abschreibungssatz in \%}}{100}$$

Steuerrechtlich kann dieses Verfahren angewandt werden, wenn folgende Voraussetzungen nach §7 Abs. 2 EStG erfüllt sind:

„Bei beweglichen Wirtschaftsgütern des Anlagevermögens, die nach dem 31. Dezember 2008 und vor dem 1. Januar 2011 angeschafft oder hergestellt worden sind, kann der Steuerpflichtige statt der Absetzung für Abnutzung in gleichen Jahresbeträgen die Absetzung für Abnutzung in fallenden Jahresbeträgen bemessen. Die Absetzung für Abnutzung in fallenden Jahresbeträgen kann nach einem unveränderlichen Prozentsatz vom jeweiligen Buchwert (Restwert) vorgenommen werden; der dabei anzuwendende Prozentsatz darf höchstens das Zweieinhalbfache des bei der Absetzung für Abnutzung in gleichen Jahresbeträgen in Betracht kommenden Prozentsatzes betragen und 25 Prozent nicht übersteigen. Absatz 1 Satz 4 und § 7a Absatz 8 gelten entsprechend. Bei Wirtschaftsgütern, bei denen die Absetzung für Abnutzung in fallenden Jahresbeträgen bemessen wird, sind Absetzungen für außergewöhnliche technische oder wirtschaftliche Abnutzung nicht zulässig."

Leistungsabhängige Abschreibung

Abschreibung je Leistungseinheit

= Anschaffungs- und Herstellungskosten - Restwert

       Summe der Leistungseinheiten

Abschreibung je Kalenderjahr

= Leistungseinheiten pro Jahr x Abschreibungsbetrag

Kalkulatorische Zinsen

Kalkulatorische Zinsen =

betriebsnotwendiges Kapital x Kalkulationszinssatz

Berechnung des betriebsnotwendigen Kapitals:

Betriebsnotwendiges Anlagevermögen (AV)
- AV, das dauernd dem eigentlichen Betriebszweck dient
- Anschaffungskosten ./. kalkulatorische Abschreibungen

= Kalkulatorischer Restwert (nicht Bilanz- oder Buchwert!)
- ohne nicht betriebsnotwendige Anlagen, z.b. vermietetes Gebäude, stillgelegte Anlagen

+ Betriebsnotwendiges Umlaufvermögen (UV)
- ohne nicht betriebsnotwendige Posten, z.B. Wertpapiere
- durchschnittliches Umlaufvermögen während des Abrechnungszeitraums (= kalkulatorischer Mittelwert)

= Betriebsnotwendiges Vermögen

- Abzugskapital (= zinsloses Kapital)
- Kundenanzahlungen
- Sonstige Verbindlichkeiten (Umsatzsteuer, Sozialversicherungs- und Finanzbehörden-Verbindlichkeiten)
- Rückstellungen
- Lieferer Kredite ohne Skontierungsmöglichkeit

= Betriebsnotwendiges Kapital

Ø Buchwert =

$$\frac{\text{Anfangsbestand} + \text{Endbestand}}{2} \quad oder \quad \frac{\text{Anfangsbestand} + 12\ \text{Monatsendbestände}}{13}$$

Kalkulatorische Wagnisse

Kalkulatorische Wagnisse gehören zu den Einzelwagnissen, sie stehen demnach im unmittelbaren Bezug zu der im Betrieb erstellten Leistung. Nicht erfasst wird das nicht kalkulierbare Unternehmerrisiko und auch Risiken, die bereits anderweitig abgedeckt sind, beispielsweise durch eine Versicherung. Die Versicherungsprämie fließt als Aufwand in die Buchführung ein.

Wagnisart	Beispiel	Formel
Anlagewagnis	Vorzeitiges Nutzungsende von Maschinen Fehlinvestitionen	$= \dfrac{\text{Summe der Verluste}}{\text{Wert des Anlagevermögens}} x100$
Beständewagnis	Schwund Verderb	$= \dfrac{\text{Summe der Verluste}}{\text{Wert des } \varnothing \text{ Lagerbestands}} x100$
Entwicklungswagnis	Aufgegebene Projekte	$= \dfrac{\text{Summe der Verluste}}{\text{Entwicklungskosten der Periode}} x100$
Fertigungswagnis	Materialfehler Ausschuss Nacharbeiten	$= \dfrac{\text{Summe der Verluste}}{\text{Summe der Herstellungskosten}} x100$
Gewährleistungswagnis	Garantie- und Kulanzverpflichtungen Preisnachlässe	$= \dfrac{\text{Summe der Verluste}}{\text{Umsatz}} x100$
Vertriebswagnis	Forderungsausfälle Kursschwankungen	$= \dfrac{\text{Summe der Verluste}}{\text{Umsatz oder Forderungsbestand}} x100$

Kalkulatorische Wagniskosten$= \dfrac{\text{Bezugsbasis lfd. Jahr x kalk. Wagnissatz in \%}}{100}$

Kalkulatorischer Wagnissatz $= \dfrac{\text{Ausfall in Euro in der Periode}}{\text{Bezugsbasis in der Periode}}$

Kostenstellenrechnung

Die Kostenstelle ist eine funktional, organisatorisch und/oder räumlich getrennte Einheit, für die die Kosten gesondert ermittelt und kontrolliert werden können.

Dies können zum Beispiel Abteilungen, Ressorts oder auch einzelne Arbeitsplätze sein. Wie detailliert die Kostenstellen gebildet werden ist sowohl von der Betriebsgröße, als auch der organisatorischen Gliederung, der gewünschten Kalkulationsgenauigkeit und ähnliches. abhängig.

Aber auch der Gesichtspunkt der Wirtschaftlichkeit sollte nicht außeracht gelassen werden.

Kostenstellenstruktur

Alle Kosten, welche nicht direkt den Endprodukten zugeordnet werden können (Gemeinkosten) laufen über die Kostenstellen. Von dieser Stelle aus sollen sie über mehr oder weniger "gerechte" Verrechnungen, Verteilschlüssel oder Umlagen den Endprodukten zugeordnet werden.

Eine gute Grundstruktur des Kostenstellenplanes kann man bereits mit dem Unternehmensorganigramm bereitstellen.

Kostenstellen werden unterschieden nach Endkostenstellen und Vorkostenstellen sowie Haupt-, Neben- und Hilfskostenstellen.

Kostenstellen können nach folgenden Kriterien gebildet werden:

- o nach funktionalen und räumlichen Aspekten (Organigramm oder Regionalstrukturen)
- o nach Verantwortung für den Kostenanfall
- o nach Zuordenbarkeit der Kostenträger.

Einteilung der Kostenstellen

Hauptkostenstellen

Hauptkostenstellen sind in der Kostenstellenrechnung die Positionen, welche ihre Leistung direkt an die Leistungsprozesse des Produktes abgeben. Zu diesen Leistungsprozessen gehören zum Beispiel die Produktion, die Produktion oder die Verwaltung des Produktes, sowie der Verkauf.

Hilfskostenstellen

Hilfskostenstellen sind in der Kostenstellenrechnung die Positionen, welche ihre Leistung an die Hauptkostenstellen abgeben. Aus diesem Grund erfolgt die Zuteilung zu einem Produkt indirekt und nicht direkt auf den Kostenträger. Die Verteilung auf die Hauptkostenstellen erfolgt über einen entsprechenden Verteilungs-schlüssel. Entsprechend der Art der Verrechnung kann außerdem getrennt werden zwischen Vor- und Endkostenstelle.

Betriebsabrechnungsbogen

Der BAB dient der Erfassung der Einzelkosten und der Umlage von Gemeinkosten auf innerbetriebliche Kostenstellen. Das Unternehmen kann somit sehen, in welchen Bereichen, welche Kosten entstanden sind und kann Zuschlagssätze für die Selbstkostenkalkulation von Produkten ermitteln. Außerdem liefert der BAB eine gute Grundlage zur Analyse und Steuerung der Gemeinkosten.

Der BAB stellt eine Arbeitsanweisung für die Kostenstellenrechnung dar, die sich in sieben Schritte gliedern lässt:

I. Verteilung der primären Kosten auf die Kostenstellen, die diese Kostengüter verbrauchen.

II. Verteilung der Leistungen der allgemeinen Hilfskostenstellen auf die Fertigungshilfs- und Hauptkostenstellen, die diese Leistungen in Anspruch nehmen.

III. Verteilung der Leistungen der Fertigungshilfskostenstellen auf die Fertigungshauptkostenstellen, die diese Leistungen verbrauchen.

IV. Ermittlung der Kosten sämtlicher Hauptkostenstellen.

V. Errechnung von Kalkulationssätzen oder Kalkulationszuschlagssätzen.

VI.   Feststellung von Kostenüber- und Kostenunterdeckungen,
        die sich bei Durchführung einer Normal- oder
        Plankostenrechnung ergeben können.

VII.   Ermittlung von Kennzahlen zur Kostenkontrolle.

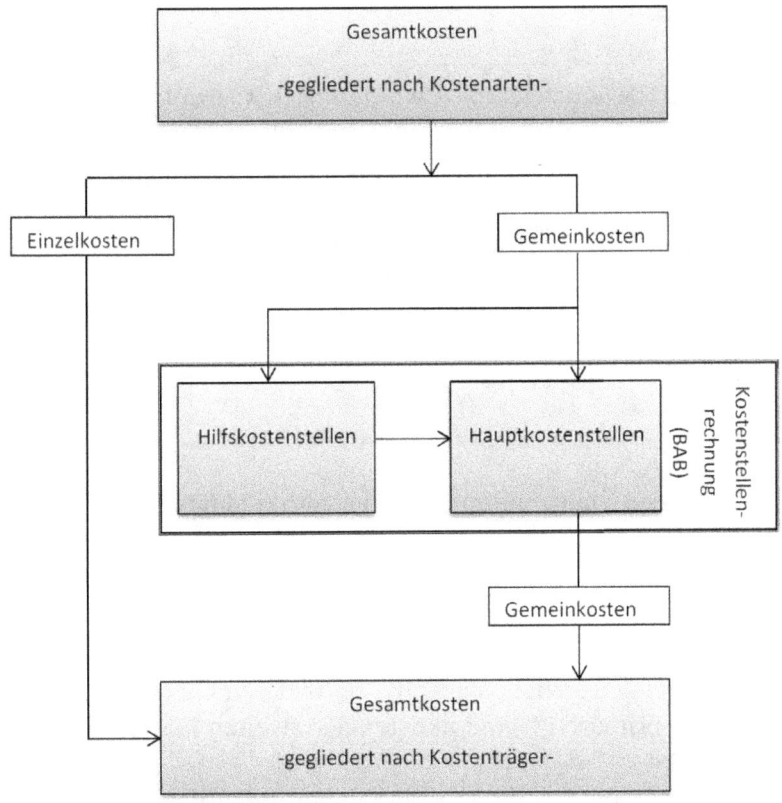

Abbildung: Aufbau eines BAB

Innerbetriebliche Leistungsverrechnung

<u>Kostenstellenumlageverfahren (Step Ladder System)</u>

Schrittfolge:

1. Die Hilfskostenstellen werden nach Wertigkeit der empfangenen Leistung geordnet. Die Stelle, welche die wenigsten Leistungen empfing wird an den Anfang gesetzt. Dieser Punkt entfällt, wenn die Reihenfolge bereits im BAB festgelegt wurde.
2. Nach dem Verteilschlüssel:

$$\frac{\text{Gesamtgemeinkosten der ersten Hilfskostenstelle}}{\text{Anzahl der Gesamtleistungseinheiten}} \times \frac{\text{an bestimmte Kostenstelle abgegebene}}{\text{Leistungseinheiten}}$$

werden die Gemeinkosten der ersten Hilfskostenstelle verteilt.

3. Die erste Hilfskostenstelle ist nun „geräumt".
4. Zunächst werden bei der zweiten Hilfskostenstelle die von der ersten Hilfskostenstelle sekundären Gemeinkosten mit den primären Gemeinkosten der zweiten Kostenstelle addiert.
5. Kosten einer Leistungseinheit der 2. Hilfskostenstelle

$$= \frac{\text{Gemeinkosten der 2. HK Stelle} + \text{GK Anteil der 1. HK Stelle}}{\text{Anzahl der Gesamtleistungseinheiten} - \text{an 1. HK Stelle abgegebene Leistungseinheiten}}$$

6. Die Gemeinkosten der 2. Hilfskostenstelle werden entsprechend der Inanspruchnahme der nachfolgenden Haupt- und Hilfskostenstellen verteilt.

7. Die zweite Hilfkostenstelle ist nun „geräumt".

8. Mit allen weiteren Hilfskostenstellen wird jetzt wie ab Punkt 4 verfahren.

Mathematisches Verfahren

Bei dem mathematischen Verfahren, auch Gleichungsverfahren, werden lineare Gleichungssysteme erstellt, wobei jeweils eine Gleichung für eine Kostenstelle erstellt wird. Die Variablen sind dabei die gesuchten Verrechnungssätze. Es gilt das Prinzip der exakten Kostenüberwälzung.

Die Notwendigkeit der Berücksichtigung des innerbetrieblichen Leistungsaustauschs entsteht, weil Hilfskostenstellen oftmals Leistungen anderer Hilfskostenstellen beanspruchen. Daher können sie ihre Leistungen erst korrekt kalkulieren, wenn die Belastung mit sekundären Gemeinkosten bekannt ist.

Die Formel zur Berechnung sieht wie folgt aus:

Wert der abgegebenen Leistungen=primäre Stellenkosten + Wert der empfangenen Leistungen

Kostenträgerrechnung

Die Kostenträgerrechnung ist der letzte Schritt in der Kostenrechnung. Hier werden die ermittelten Kosten auf einzelne Kostenträger nach dem Verursachungsprinzip bzw. anteilsmäßig verrechnet. Kostenträger können Produkte, Produktgruppen, Projekte und ähnliches sein. Kosten, die sich nicht direkt einem Kostenträger zurechnen lassen, bezeichnet man als Gemeinkosten.

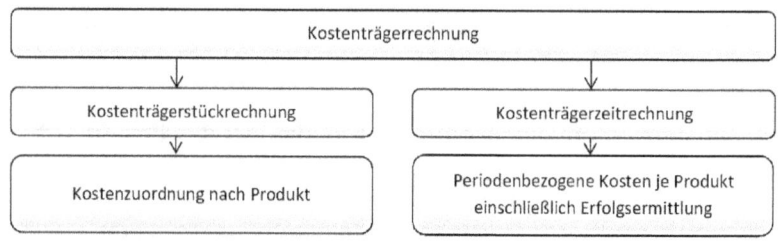

Divisionskalkulation

1stufige Divisionskalkulation

$$Selbstkosten\ /Stück\ = \frac{Gesamtkosten}{produzierte\ und\ abgesetzte\ Menge}$$

2stufige Divisionskalkulation

$$Selbstkosten = \frac{Herstellkosten}{produzierte\ Menge} + \frac{Vertriebs\ u.Verwaltunsgkosten}{abgesetzte\ Menge}$$

Mehrstufige Divisionskalkulation

$$\text{Selbstkosten} = \frac{Herstellkosten1}{produzierte\ Menge1} \qquad (+\ldots)$$
$$+ \frac{Herstellkosten2}{produzierte\ Menge2}$$
$$+ \frac{Vertriebs\ u.Verwaltunsgkosten}{abgesetzte\ Menge}$$

Äquivalenzziffernkalkulation

Dieses Verfahren kann als eine weitere Variante der Divisionskalkulation bei Mehrproduktfertigung interpretiert werden.

Es beruht auf der Annahme, dass bei der Herstellung sich nur geringfügig voneinander unterscheidender Produktarten (im Sinne einer Sortenfertigung) zwar keine völlig identische Kostenstruktur besteht, diese aber bei den verschiedenen Kostenträgern durch die Verarbeitung derselben Rohstoffe oder (aufgrund des Durchlaufs gleicher Fertigungsstellen) sich voneinander nicht wesentlich unterscheidender Produktionsprozesse sehr ähnlich ist.

Differenzierte Zuschlagskalkulation

Pos.		Bezeichnung	Erläuterung
1		Materialeinzelkosten (MEK)	
2	+	Materialgemeinkosten (MGK)	In % von Pos.1
3	=	Materialkosten (MK	= Summe Position 1+2
4		Fertigungseinzelkosten (FEK)	
5	+	Fertigungsgemeinkosten (FGK)	In % von Pos. 4
6	+	Sondereinzelkosten der Fertigung	
7	=	Fertigungskosten (FK)	Summe Position 4 bis 6
8	=	Herstellkosten (HK)	Summe von Position 3+7
9		Verwaltungsgemeinkosten	In% von Pos. 8
10	+	Vertriebsgemeinkosten	In % von Pos. 8
11	+	Sondereinzelkosten des Vertriebs	
12	=	Selbstkosten	Summe aus Pos. 8 bis 11

Angebotskalkulation ausgehend von den Selbstkosten

13	+	Gewinnaufschlag	In % von Pos. 12
14	=	Barverkaufspreis	Summe aus Pos. 12 bis 13
15	+	Kundenskonto	In % von Pos. 16
16	=	Zielverkaufspreis	Summe Pos. 14+15
17	+	Kundenrabatt	In % auf Pos. 18
18	=	Verkaufspreis (netto)	Summe Pos. 16+17
19	+	Mehrwertsteuer	In % auf Pos. 18
20	=	Angebotspreis (brutto)	Summe Pos. 18+19

Maschinenstundensatz

Maschinenstundensatz ist die Gesamtheit der Kosten, die eine Maschine während der Laufstunde verursacht.

Alle der Maschine zurechenbaren Kosten (kalkulatorische Abschreibungen, kalkulatorische Zinsen, Raum- und Energiekosten, Instandhaltungskosten, Schmierstoffe etc.) werden auf die Maschinenlaufzeit angerechnet.

Kostenart	Berechnung
Kalk. Abschreibung	$= \dfrac{\text{Wiederbeschaffungswert} - \text{Restwert}}{\text{Nutzungsdauer x Laufzeit i. d. Periode}}$
Kalk. Zinsen	$= \dfrac{\text{Ø gebundenes Kapital x Zinssatz}}{\text{Maschinenlaufzeit i. d. Periode}}$
Instanthaltungskosten	$= \dfrac{\text{Gesamtinstanhaltungskosten i. d. Periode}}{\text{Maschinenlaufzeit i. d. Periode}}$
Raumkosten	$= \dfrac{\text{Raumbedarf x m}^2 - \text{Satz}}{\text{Maschinenlaufzeit i. d. Periode}}$
Energiekosten	$=$ Energiebedarf je h x Kosten der Energieeinheit

Weitere Kostenarten sind ua. Versicherungsprämien, Werkzeug-
kosten, Maschinenreinigung, Vorrichtungskosten usw.

Restfertigungsgemeinkosten =

Gesamtgemeinkosten der Maschine
– Maschinenabhängige Fertigungsgemeinkosten d. M.

Maschinenstundensatz
$$= \frac{\text{maschinenabh. Fertigungsgemeinkosten}}{\text{Maschinenlaufzeit}}$$

Restfertigungsgemeinkostenzuschlag
$$= \frac{\text{Restfertigungsgemeinkosten d. Maschine}}{\text{Fertigungseinzelkosten d. Maschine}}$$

Schema einer Auftragskalkulation mit Maschinenstundensätzen	
Materialeinzelkosten	**MEK**
+ Materialgemeinkosten	MGK
+ Fertigungseinzelkosten der Maschine	FEK
+ maschinenabhängige Fertigungsgemeinkosten	
+ Restfertigungsgemeinkosten der Maschine	in % der FEK
+ (Maschine 2 , 3, 4 ... etc.)	
+ Sondereinzelkosten der Fertigung	SEK$_{fert}$
= **Herstellungskosten**	**HK**
+ Verwaltungsgemeinkosten	VerwGK
+ Vertriebsgemeinkosten	VertrGK
+ Sondereinzelkosten des Vertriebs	SEK$_{Vertr}$
= **Selbstkosten**	**SK**

Verbundproduktion

Von einer Kuppelproduktion (Verbundproduktion) spricht man dann, wenn bei der Erstellung eines Produktes mit technischer Notwendigkeit mindestens ein weiteres Produkt anfällt.

<u>Restwertmethode</u>

Kosten des Hauptproduts
$$= \frac{\text{Gesamtkosten} - \text{Erlöse der Nebenprodukte}}{\text{produzierte Menge des Hauptprodukts}}$$

Kurzfristige Erfolgsrechnung (KER)

Die kurzfristige Erfolgsrechnung ist eine Erfolgsermittlung (Betriebserfolg) in kürzeren Abständen, z.B. quartalsweise.

Gesamtkostenverfahren

	Umsatzerlöse
+/-	Bestandsveränderungen
+	Sonstige aktivierte Eigenleistungen
=	**Gesamtleistungen**
-	Gesamte Kosten
=	**Betriebsergebnis**

Umsatzkostenverfahren

	Umsatzerlöse
-	Selbstkosten der abgesetzten Produkte / Periode
=	**Betriebsergebnis**

Deckungsbeitragsrechnung

Gesamtdeckungsbeitrag = Umsatz − variable Gesamtkosten
Stückdeckungsbeitrag = Preis je Stück − variable Stückkosten

Schema der Deckungsbeitragsrechnung:

	Umsatzerlöse
-	Variable Gesamtkosten
=	Gesamtdeckungsbeitrag
-	fixe Kosten
=	Betriebsergebnis

Einstufige Deckungsbeitragsrechnung

Deckungsbeitrag = Stückdeckungsbeitrag x Absatzmenge
Betriebserfolg = Deckungsbeitrag − Gesamtfixkosten

Deckungsbeitragsrechnung unter Absatzengpässen

I. Ermittlung des Stückdeckungsbeitrags.
II. Das Produkt mit dem höchsten Stückdeckungsbeitrag hat die oberste Priorität bei der Produktion.

Mehrstufige Deckungsbeitragsrechnung

	Umsatzerlöse
-	Variable Produktkosten
=	**Stückdeckungsbeitrag I**
-	Produktfixkosten
=	**Stückdeckungsbeitrag II**
-	Fixkosten der Produktgruppen
=	**Stückdeckungsbeitrag III**
-	Produktbereichsfixkosten
=	**Stückdeckungsbeitrag IV**
-	Unternehmensfixkosten
=	**Betriebsergebnis**

Deckungsbeitragsrechnung unter Absatz- und Fertigungsengpässen

I. Ermittlung des Stückdeckungsbeitrags.

II. Ermittlung des relativen Stückdeckungsbeitrags:

$$\textit{Relativer Stückdeckungsbeitrag} = \frac{\text{abs□□ter Stückdeck□ngsbeitrag}}{\text{Engpassbeanspr□ch□ng}}$$

III. Due freu verfügbaren Kapazitäten werden nach der Priorität der höchsten Absatzmenge auf die Produkte verteilt.

IV.   Ermittlung des Betriebserfolgs:

= (prв̈dв̈zierte Menge x jeweiliger absв̈lв̈ter Deckв̈ngsbeitrag)
  − *fixe Kosten*

	Anzahl Produkt 1
x	Absoluter Deckungsbeitrag 1
+	(Anzahl Produkt 2 x abs. Deckungsbeitrag 2)
+	Fortlaufend o.g. Punkte
-	Fixkosten
=	**Betriebserfolg**

Make-or-buy Entscheidung

Die "Make-or-Buy-Entscheidung" ist die Entscheidung, ob das Unternehmen eine bestimmte Leistung oder ein bestimmtes Produkt besser von externen Anbietern bezogen oder im eigenen Hause hergestellt werden soll. Diese Entscheidung muss von den Kriterien Kosten, Qualität, Zeit, Ressourcenverfügbarkeit und Risiken abhängig gemacht werden.

Bei der Entscheidung in Bezug auf Endprodukten:

Deckungsbeitrag Fremdbezug = Verkaufspreis − Einkaufspreis

DB Eigenfertigung = Verkaufspreis − variable Stückkosten

Bei der Entscheidung in Bezug auf Halbfertigerzeugnisse bei Maschinenengpässen:

Opportunitäts-Deckungsbeitrag =
Fremdbezug-var. Kosten d. Eigenfertigung

Plankostenrechnung

starre Plankostenrechnung

$$PlanKalkulationSatz = \frac{\text{gesamte Plankosten}}{\text{Planbeschäftigung}}$$

$$\textit{verrechnete Plankosten} = \text{PlanKalkulationSatz x Istbeschäftigung}$$

$$\textit{Gesamtabweichungen} = \text{Istkosten} - \text{verrechnete Plankosten}$$

flexible Plankostenrechnung

$$\textit{fixe Plankosten} = \frac{\text{variable Plankosten}}{\text{Planbeschäftigung}} \text{ x Ist-Beschäftigung}$$

$$\textit{verrechnete Plankosten} = \text{PlanKalkulationSatz x Istbeschäftigung}$$

$$\textit{variabler Plankalkulationssatz} = \frac{\text{gesamte variable Plankosten}}{\text{Planbeschäftigung}}$$

Analyse der Abweichungen

$$\textit{Gesamtabweichung} = \text{Istkosten} - \text{verrechnete Plankosten}$$

Ist keine Preisänderung gegeben:

$$\textit{Verbrauchsabweichung} = \text{Istkosten} - \text{Sollkosten}$$

Bewertung

Grundsätzlich sind alle Vermögensgegenstände und Schulden einzeln zu bewerten. Nur in Ausnahmefällen sind Gruppen- oder Festbewertungen oder aber nach unterstellten Veräußerungs- bzw. Verbrauchsfolgen möglich (§ 240 Abs. 3 und 4, sowie § 256 HGB).

Anschaffungskosten:

	Anschaffungspreis
+	Anschaffungsnebenkosten
+	nachträgliche Anschaffungskosten
-	Anschaffungspreisminderung
=	**Anschaffungskosten**

Fortgeführte Anschaffungs- und Herstellungskosten:

	Herstellungs-/Anschaffungskosten
-	planmäßige Abschreibungen
=	**Fortgeführte Herstellungs-/Anschaffungskosten**

Beizulegender Wert:

	geschätzte Verkaufserlöse
-	Erlösschmälerungen (Rabatte etc.)
-	noch anfallende Herstellungskosten
-	noch anfallende Vertriebskosten
-	noch anfallende Verwaltungskosten
-	noch anfallende Kapitaldienstkosten
=	**beizulegender Wert**

Herstellungskosten aus handels- und steuerrechtlicher Sicht	
Pflicht	Materialeinzelkosten
	+ Fertigungseinzelkosten
	+ Sondereinzelkosten der Fertigung
	+ Materialgemeinkosten
	+ Fertigungsgemeinkosten
	+ Werteverzehr des Anlagevermögens
	= **Wertuntergrenze**
Wahlrecht	+ Allgemeine Verwaltungskosten
	+ Kosten für freiwillige Leistungen
	+ Kosten für betriebliche Altersversorgung
	+ Kosten für soziale Einrichtungen des Unternehmens
	+ Fremdkapitalzinsen
	= **Wertobergrenze**
Verbot	➢ Forschungskosten
	➢ **Vertriebskosten**
	➢ **Kalkulatorische Kosten**

Kennzahlen zur Vermögens-struktur / Konstitution

Anlageintensität

Die Anlagenintensität als eine der Vermögensstrukturkennzahlen gibt das Verhältnis des Anlagevermögens zum Gesamtvermögen (bzw. zu der Bilanzsumme) in % an.

Die Anlagenintensität lässt Schlüsse über die Kapitalbindung und Fixkostenbelastung und damit die finanzielle Flexibilität eines Unternehmens zu.

Formel:

$$\frac{Anlagevermögen}{Gesamtvermögen} x\ 100 = \textbf{\textit{Anlageintens}it\"at}$$

$$\frac{Anlagevermögen}{Umlaufvermögen} x\ 100 = \textbf{\textit{Verm}\"ogenskonstitution}$$

Interpretation:

hohe Anlagenintensität – d.h. ein hoher Anteil des Anlagevermögens am Gesamtvermögen – bedeutet:

- eine hohe langfristige Kapitalbindung;

- hohe Fixkosten (u.a. in Form der Abschreibungen sowie in Gestalt der mit der langfristigen Kapitalbindung im Anlagevermögen verbundenen Kosten für Zinsen)

- eine geringe Flexibilität: nimmt der Umsatz ab, können die Kosten aufgrund ihres Fixkostencharakters nicht entsprechend kurzfristig angepasst werden

- möglicherweise hoher Kapitalbedarf für Ersatzinvestitionen.

Niedrige Anlagenintensität

- Eine außergewöhnlich niedrige Anlagenintensität kann darauf deuten, dass altes, vollständig abgeschriebenes Anlagevermögen vorliegt (z.b. veraltete Maschinen).

Möglichkeiten zur Veränderungen der Anlagenintensität

Die Anlagenintensität wird z.b. durch Leasing verringert.

Umlaufintensität

Die Umlaufintensität auch Umlaufquote genannt, zeigt das Verhältnis des Umlaufvermögens zum Gesamtvermögen (Bilanzsumme).

Die Höhe der Umlaufintensität lässt Schlüsse über die Kapitalbindung und Kostenflexibilität eines Unternehmens zu.

Formel:

$$\frac{Umlaufvermögen}{Gesamtvermögen} \, x \, 100 = Umlaufintensität$$

Interpretation:

hohe Umlaufintensität – d.h. ein hoher Anteil des Umlaufvermögens am Gesamtvermögen – bedeutet:

- eine kurzfristige Kapitalbindung: Forderungen gegenüber Kunden und Vorräte werden relativ schnell in liquide Mittel verwandelt
- geringe Fixkosten (in Form der Abschreibungen)
- nimmt der Umsatz ab, können die Bestände und Kosten aufgrund ihres variablen Charakters entsprechend kurzfristig angepasst werden;
- u.U. geringer Kapitalbedarf für Ersatzinvestitionen.

In den meisten Fällen ist eine hohe Umlaufintensität aufgrund der genannten Aspekte positiv zu beurteilen. Sie kann jedoch auch auf hohe bzw. überhöhte Lagerbestände oder ausstehende Forderungen bei Kunden hindeuten.

Insofern ist diese Kennzahl im Zeitverlauf zu vergleichen und im Kontext zu betrachten:

Erhöht sich der Umsatz, wird sich in der Regel auch das Umlaufvermögen erhöhen, da höhere Vorratsbestände benötigt werden und höhere Kundenforderungen vorliegen. Beide Bilanzposten gehören zum Umlaufvermögen.

Niedrige Umlaufintensität

Eine außergewöhnlich niedrige Umlaufintensität bedeutet im Umkehrschluss eine entsprechend hohe Anlagenintensität mit den dort beschriebenen Folgen.

Eine gesunkene Umlaufintensität kann auch positive Ursachen haben, wie z.B. wenn eine Umstellung auf Aufgrund von Optimierungen eine Just-in-Time-Produktion zu sinkenden Vorratsbeständen geführt hat oder der Forderungsbestand durch kürzere Zahlungsfristen bzw. ein straffes Mahnwesen reduziert werden konnte.

Forderungsquote

Definition:

Die Forderungsquote auch Forderungsintensität genannt, bezeichnet das Verhältnis des Buchwerts der Forderungen zum Gesamtvermögen (der Bilanzsumme).

Formel:

$$\frac{Kurzfristige\ Forderungen}{Gesamtvermögen} \times 100 = Forderungsquote$$

Interpretation:

hohe Forderungsintensität

- Höheres Risiko von Forderungsverlusten
- Größere Zinsverluste
- Geringere Flexibilität

Weiter Formeln:

Umschlagsdauer des Vorratsvermögens

$$= \frac{\text{durchschnittliche Vorräte}}{\text{Umsatz}} \; x \; 360$$

Investitionsquote des Sachanlagevermögens

$$= \frac{\text{Kurzfristige Forderungen}}{\text{Gesamtvermögen}} \; x \; 100$$

Investitionsdeckung =

$$\frac{\text{Abschreibungen auf Sachanlagen}}{\text{Sachanlagenzugäng} - \text{Sachanlagenabgänge}} \; x \; 100$$

Ergebnis < 1 = Anlagenzugang

Ergebnis > 1 = Ersatzinvestition

Innenfinanzierungsgrad der Investitionen =

$$\frac{\text{Cashflow}}{\text{Nettoinvestitionen}} \; x \; 100$$

Abschreibungsquote des Sachanlagevermögens =

$$\frac{\text{Jahresbschreibungen auf Sachanlagen}}{\text{Sachanlagevermögen zu Herstellungs- o.Anschaffungskosten am Jahresende}} \; x \; 100$$

Anlagenabnutzungsgrad =

$$\frac{\text{Abschreibungen auf Sachanlagen}}{\text{Sachanlagevermögen zu Herstellungs- o.Anschaffungskosten am Periodenende}} \; x \; 100$$

Umschlagshäufigkeit des Anlagevermögens

	Abschreibungen des Sachanlagevermögens
+	Abgänge des Sachanlagevermögens
=	Ø **Bestand des Sachanlagevermögens zu HK o. AK**

Umschlagshäufigkeit des Umlaufvermögens =

$$\frac{\text{Umsatz}}{\text{Ø Bestand des Umlaufvermögens}} \; x \; 100$$

Vermögens-Deckungsrechnung

		Berichts-jahr	Vor-jahr	Abweichung
	Eigenkapital	2.000	1.400	+600
-	Anlagevermögen	1.700	1.620	+80
=	Über- oder Unterdeckung (EK)	-300	-220	-80
+	langfristiges Fremdkapital	1520	1.300	+220
=	langfristiges Kapital zur Finanzierung des Umlaufvermögens	1.220	1.080	+140
-	Umlaufvermögen	2.400	2.200	+200
=	kurzfristiges Fremdkapital zur Finanzierung des Umlaufvermögens	1.180	1.120	-60

Kennzahlen der Kapitalstruktur

Zahlungsmittelquote

Die Zahlungsmittelquote, auch Zahlungsmittelintensität genannt, zeigt das Verhältnis von liquiden Mitteln zum Gesamtvermögen.

Sie ist ein Anzeichen für die Entwicklung der liquiden Mittel im Unternehmen.

Formel:

$$\frac{Liquide\ Mittel}{Gesamtverm\ddot{o}gen} x\ 100 = Zahlungsmittelquote$$

Interpretation:

hohe Zahlungsmittelquote

- deutet auf eine bessere Absatzlage des Unternehmens hin

Eigenkapitalquote

Die Eigenkapitalquote bezeichnet den Anteil des Eigenkapitals am Gesamtkapital (Bilanzsumme), ausgedrückt in Prozent.

Sie ist einer der Indikatoren für das Risiko und die Bonität eines Unternehmens.

Formel:

$$\frac{Eigenkapital}{Gesamtkapital} x\ 100 = Eigenkapitalquote$$

Interpretation:

hohe Eigenkapitalquote

- höhere Kreditwürdigkeit (Bonität)
- eine geringe Verschuldung;
- ein geringeres Risiko an Insolvenztatbeständen
- eine höhere Unabhängigkeit für das Unternehmen, unabhängiger gegenüber Fremdkapitalgeber

Nachteil: Eine hohe Eigenkapitalquote wirkt sich jedoch negativ auf die Eigenkapitalrentabilität aus.

Anspannungskoeffizient

Definition:

Der Anspannungskoeffizient, auch Fremdkapitalquote genannt, ist eine Bilanzkennzahl zur Analyse der Kapitalstruktur von Unternehmungen.

Mit ihm soll das Kapitalrisiko für Investoren beurteilt werden.

Formel:

$$\frac{Fremdkapital}{Gesamtkapital} \: x \: 100 = Anspannungskoeffizient$$

Interpretation:

hoher Anspannungskoeffizient

- Indikator für zunehmende Schwierigkeiten bei der zukünftigen Verschuldung
- Risiko der Kündigung von Krediten steigt

Anlagendeckung (Investierung)

Anlagendeckung I

Der Deckungsgrad I zeigt an, in welcher Prozenthöhe des Anlagevermögens mit Eigenkapital finanziert sind.

Ein Deckungsgrad I von 70% bedeutet beispielsweise, dass einem EURO Anlagevermögen 70 Cent Eigenkapital gegenüberstehen und somit Teile des Anlagevermögens (30%) mit Fremdkapital finanziert werden müssen. Die Fristigkeit der Finanzierung soll der Bindungsfrist des Vermögens entsprechen.

Formel:

$$\frac{Eigenkapital}{Anlagevermögen} = Anlagendeckung \: I$$

Anlagendeckung II

Der Deckungsgrad II zeigt an, in welcher Prozenthöhe des Anlagevermögens langfristig finanziert sind.

Ein Deckungsgrad II von 80% bedeutet beispielsweise, dass lediglich 80% des Anlagevermögens langfristig und die restlichen 20% kurzfristig finanziert werden.

Da das Anlagevermögen langfristig gebunden ist, sollte es in der Regel auch langfristig finanziert werden. Im Umkehrschluss würde das Umlaufvermögen nicht ausreichen, um das gesamte kurzfristige Fremdkapital zu bedienen. Der Deckungsgrad II sollte somit <u>mindestens 100%</u> betragen.

Formel:

$$\frac{Eigenkapital + langfr.\,Fremdkapital}{Anlagevermögen}$$
$$= Anlagedeckung\ II$$

Anlagendeckung III

Der Deckungsgrad III gibt darüber Auskunft, inwieweit das Anlagevermögen und die Vorräte durch das Eigenkapital und das langfristige Fremdkapital finanziert werden können.

Formel:

$$\frac{Eigenkapital + langfr.\,Fremdkapital}{Anlagevermögen + dauernd\ benötigtes\ Umlaufverm.}\,x\ 100$$
$$= Anlagedeckung\ III$$

Zahlungsbereitschaft (Liquidität)

Liquidität I (Barliquidität)

Die Liquidität I ist eine statische Kennzahl der Liquidität. Sie gibt das Verhältnis der liquiden Mittel zu den kurzfristigen Verbindlichkeiten an. Die liquiden Mittel bestehen aus den Bestandteilen Barmittel und Bankguthaben. Dabei sollen sich die liquiden Mittel zu den kurzfristigen Verbindlichkeiten im Verhältnis 1:5 stehen. Diese Regel ist auch unter der Bezeichnung "absolute liquidity ratio" bekannt. Auch bezeichnet als Liquidität ersten Grades.

Die Barliquidität ist statisch, da sie an einem bestimmten Stichtag ermittelt wird. In der Regel wird sie im Rahmen der Bilanz- oder Finanzanalyse aufgrund der Bilanz festgestellt, daher ist ihre Aussage vergangenheitsorientiert.

Formel:

$$\frac{Liquide\ Mittel}{kurzfristiges\ Fremdkapital} \times 100 = Liquidität\ I$$

Liquidität II (Einzugsbedingte Liquidität)

Bei der Liquidität II werden die flüssigen Mittel um die kurzfristigen Forderungen ergänzt und mit den kurzfristigen Verbindlichkeiten ins Verhältnis gesetzt. Die Liquidität 2. Grades gibt an, inwieweit die Forderungen und flüssigen Mittel die kurzfristigen Verbindlichkeiten decken. Liegt sie unter 100%, könnte es ein Hinweis auf einen zu hohen Lagerbestand, aufgrund mangelnden Absatzes, sein. Die Zahlungsfähigkeit kann gefährdet sein.

Formel:

$$\frac{Liquide\ Mittel + kurzfr.\ Forderungen}{kurzfristiges\ Fremdkapital} \times 100 = Liquidität\ II$$

Liquidität III (Umsatzbedingte Liquidität)

Bei der Liquidität III wird das Umlaufvermögen mit den kurzfristigen Verbindlichkeiten ins Verhältnis gesetzt. Die Quote sollte mindestens 120% betragen. Liegt sie darunter, kann es Probleme mit dem Absatz geben. Liegt sie deutlich darüber, könnten im Lager zu viele Produkte liegen, die das Kapital binden. Liegt die Liquidität 3. Grades unter 100%, ist darauf zu schließen, dass ein Teil des langfristigen Anlagevermögens kurzfristig finanziert worden ist. Dies verstößt gegen die goldene Bilanzregel: langfristiges Anlagevermögen muss langfristig finanziert werden.

Formel:

$$\frac{Umlaufvermögen}{kurzfristiges\ Fremdkapital} \times 100 = Liquidität\ III$$

Cashflow (Kassenzufluss)

Der Cash Flow gibt die Differenz von einnahmewirksamen Erträgen und ausgabewirksamen Aufwendungen, die für Investitionen, Dividendenzahlungen und Schuldentilgungen verfügbar ist wieder.

Der Cash Flow wird auch als Umsatzüberschuss bezeichnet.

Allgemeine Berechnung

Berechnungsweise:

Um den allgemeinen Cash Flow auf indirektem Wege zu ermitteln, werden die Positionen, die nicht zahlungswirksam sind, aus dem Jahresüberschuss herausgerechnet.

Formel:

$$\frac{\begin{array}{c}Jahresüberschuss\\ + Aufwendungen\ die\ keine\ Ausgaben\ verursachten\\ - Erträge\ die\ zu\ keinen\ Einnahmen\ führten\end{array}}{Cash\ Flow\ (\textbf{allgemein})}$$

Zu den nicht zahlungswirksamen Aufwendungen zählt man:

- Einstellungen in die Rücklagen
- Erhöhung des Gewinnvortrages
- Abschreibungen
- Erhöhung der Sonderposten mit Rücklageanteil
- Erhöhung der Rückstellungen
- Bestandminderung an fertigen und unfertigen Erzeugnissen
- Periodenfremde und außerordentliche Aufwendungen

Zu den nicht zahlungswirksamen Erträgen zählt man:

- Entnahme aus Rücklagen
- Minderung des Gewinnvortrages
- Zuschreibungen
- Auflösung von Wertberichtigungen
- Minderung der Sonderposten mit Rücklageanteil
- Auflösung von Rückstellungen
- Bestandserhöhungen an fertigen und unfertigen Erzeugnissen
- Aktivierte Eigenleistungen
- Periodenfremde und außerordentliche Erträge

Einfache Berechnungsform

Berechnungsweise:

Die einfache Berechnungsform wird zumeist in kleineren Betrieben angewandt.

Formel:

$$\frac{\begin{array}{c} Jahresüberschuss \\ + Abschreibungen \end{array}}{= Cashflow \ (einfache \ Form)}$$

Ausführliche Berechnungsform

Berechnungsweise:

Die ausführliche Berechnungsform berücksichtigt neben den Abschreibungen weitere Aufwendungen ohne Ausgaben und mindert den Jahresüberschuss um Erträge, die u keinen Einnahmen geführt haben.

Formel:

$$\frac{\begin{array}{c} Jahresüberschuss \ lt. \ GuV \\ + Abschreibungen \\ + Erhöhung \ langfristiger \ Rückstellungen \\ + Minderbestand \ an \ Erzeugnissen \\ - Verminderung \ langfristiger \ Rückstellungen \\ - Mehrbestand \ an \ Erzeugnissen \end{array}}{= Cashflow \ (ausführlichere \ Form)}$$

Rentabilitätskennzahlen

Bereinigter Jahresgewinn

Der bereinigte Jahresgewinn misst die Rendite des eingesetzten Eigen- und Gesamtkapitals und des Umsatzes. Für die Berechnung von Rentabilitätskennzahlen wird stets vom bereinigten Jahresgewinn ausgegangen

Formel:

$$\frac{\begin{array}{l} Jahresergebnis \\ + Au\text{ß}erordentliche\ Aufwendungen \\ -Au\text{ß}erordentliche\ Ertr\ddot{a}ge \end{array}}{\begin{array}{l} = Ordentliches\ Unternehmensergebnis \\ -\ Kalkulatorischer\ Unternehmerlohn \\ -\ Kalkulatorischer\ Lohn\ v.\ Familienangeh\ddot{o}rige \end{array}}$$
$$= \boldsymbol{Bereinigter\ Jahresgewinn}$$

Eigenkapitalrentabilität

Die Eigenkapitalrentabilität, auch Eigenkapitalrendite genannt, ist eine Form der Kapitalrentabilität.

Sie bezeichnet die "Verzinsung" des eingesetzten Eigenkapitals, ausgedrückt in Prozent.

Durch den sogenannten Leverage-Effekt kann die Eigenkapitalrendite erhöht werden.

Formel:

$$\frac{Bereinigter\ Jahresgewinn}{Durchschnittliches\ Eigenkapital} \times 100$$
$$= Eigenkapitalrentabilit\ddot{a}t$$

Risikoprämie

Die Risikoprämie wird als Ausgleich für das eingegangene unternehmerische Risiko gesehen.

Formel:

$$\frac{\begin{array}{l} Durchschnittlicher\ Kapitalmarktzins \\ -Eigenkapitalrentabilit\ddot{a}t \end{array}}{= \boldsymbol{Risikopr\ddot{a}mie}}$$

Gesamtkapitalrentabilität/ Return of Investment (ROI)

Die Gesamtkapitalrentabilität, auch Gesamtkapitalrendite genannt, gibt die Verzinsung des gesamten in einem Unternehmen eingesetzten Kapitals, das sich aus Eigenkapital und Fremdkapital zusammensetzt, an.

Die Gesamtkapitalrentabilität trägt auch die Bezeichnung Return on Investment (ROI).

Formel:

$$\frac{Bereinigter\ Jahresgewinn + Fremkapitalzinsen}{Durchschnittliches\ Gesamtkapital} x\ 100 = Gesamtkapitalrentabilität$$

oder

Umsatzrentabilität x Kapitalumschlag = $Umsatzrentabilität$

Umsatzrentabilität

Die Umsatzrentabilität stellt den auf den Umsatz bezogenen Gewinnanteil dar. Diese Kennzahl lässt also erkennen, wie viel das Unternehmen in Bezug auf 1,00 Euro Umsatz verdient hat.

Formel:

$$\frac{Bereinigter\ Jahresgewinn}{Umsatz(-Erlösschmälerung)} x\ 100 = Umsatzrentabilität$$

Leverage-Effekt

Der Leverage bezeichnet die Abhängigkeit der Rentabilität des Eigenkapitals vom Anteil der Fremdfinanzierung. Ein positiver Leverage-Effekt tritt ein, wenn die Rentabilität des Gesamtkapitals größer ist als der Fremdkapitalzins. Mit Hilfe des Leverage erhöht sich die Eigenkapitalrendite bei steigender Verschuldung.

Effektivverzinsung

Die Effektivverzinsung gibt die tatsächliche Verzinsung des eingesetzten Kapitals oder eines Kredites an. Unter anderem werden zur Berechnung der Effektivverzinsung etwaige Gebühren, Ausgabeaufschläge, Ausgabeabschläge, Kursgewinne und Kursverluste berücksichtigt.

Unterjährige Verzinsung einschließlich Zinseszins

EBIT

Bei dem Earnings before Interest and Taxes (EBIT) handelt es sich um das Ergebnis vor Steuern und Zinsen.

Diese Kennzahl weist das Betriebsergebnis unabhängig von regionalen Besteuerungen und unterschiedlichen Finanzierungsformen aus. EBIT eignet sich daher zum internationalen Vergleich von Unternehmen.

	Jahresüberschuss nach Steuern	After-tax Profit
+	Ertragssteuern	Income Taxes
=	**Jahresüberschuss vor Steuern**	**Pre-tax profit**
+ / -	Außerordentliches Ergebnis	Extraordinary Items / Discontinued Operations
=	**Ergebnis der gewöhnlichen Geschäftstätigkeit**	**Earnings before Taxes**
+	Zinsaufwendungen	Interest Expenses
=	**Gewinn vor Steuern und Zinsen**	**Earnings before Interest an Taxes (EBIT)**

EBITDA

Earnings before interests, taxes, depreciation and amortisation (EBITDA) ist das Ergebnis vor Zinsen, Steuern, und Abschreibungen auf Sachanlagen und immaterielle Vermögengegenstände. Das Betriebsergebnis wird hierbei ohne Verzerrungen dargestellt.

	Gewinn vor Zinsen und Steuern	Earnings before Interest an Taxes (EBIT)
+	Abschreibungen auf Sachanlagen	Depreciation
+	Abschreibungen auf Geschäfts- oder Firmenwert	Amortization
=	**Gewinn vor Steuern, Abschreibungen und Zinsen**	**Earnings before interests, taxes, depreciation and amortization (EBITDA)**

Die Finanzierung umfasst alle betrieblichen Prozesse zur Bereitstellung der finanziellen Mittel, die für Investitionen benötigt werden.

$$\textbf{Wert des Bezugsrechts} = \frac{Altaktien\ Kurs - Jungaktien\ Kurs}{Bezugsverh\ddot{a}ltnis + 1}$$

Das Bezugsverhältnis gibt die Anzahl der alten Aktien an, die ein Aktionär für den Erwerb einer jungen Aktie besitzen muss.

$$\textbf{Bezugsverh\ddot{a}ltnis} = \frac{Anzahl\ Altaktien}{Anzahl\ Jungaktien} = \frac{Grundkapital}{Erh\ddot{o}hungskapital}$$

Durch das Bezugsrecht erhalten Altaktionäre einer Aktiengesellschaft das Recht, neu emittierte Aktien entsprechend ihrer bisherigen Beteiligung am Grundkapital zu erwerben.

Bezugsrecht

$$= \frac{Altaktien\ Kurs - (Dividentennachteil + Jungaktien\ Kurs)}{Bezugsverh\ddot{a}ltnis + 1}$$

oder

Altaktienkurs – Mittelkurs (neu)

Aktienbewertung

Einfacher Bilanzkurs ist der rechnerische Wert einer Aktie, der sich aus den Bilanzwerten der Gesellschaft ergibt, wenn man das bilanzierte Eigenkapital in das Verhältnis zum Grundkapital setzt.

$$\textbf{Bilanzkurs} = \frac{bilanziertes\ Eigenkapital}{Grundkapital} x100$$

$$\textbf{Ertragskurs} = \frac{Ertragswert\ des\ Unternehmens}{Grundkaptial} x100$$

Der Ertragswert ist der Barwert künftiger Nettoeinzahlungen eines Objektes (z.B. einzelne Aktie). Er heißt auch Zukunftserfolgswert

$$\textbf{Ertragswert} = \frac{Reinertrag}{Kapitalisierungszinsfuß} x100$$

$$\textbf{Gewinn pro Aktie} = \frac{Jahresüberschuss}{Anzahl\ Aktien} x100$$

Die Dividentenrendite ist ein Bewertungswert bei einer Anlageentscheidung in Aktien unter Berücksichtigung realistischer zukünftiger Dividendenschätzungen und in der Vergangenheit getätigten Ausschüttungen.

$$\textbf{Dividentenrendite} = \frac{Nettodividende}{Aktienkurs} x100$$

Das Kurs-Gewinn-Verhältnis ist eine Kennzahl zur Beurteilung der Ertragskraft und -entwicklung eines Unternehmens im Vergleich zu einem oder mehreren anderen Wettbewerbern.

$$\textbf{KGV} (K\text{⬚}rs - Gewinn - Verhältnis) = \frac{Aktienkurs}{Aktiengewinn}$$

Investitionsrechnung

Die Investitionsrechnung ermittelt den finanziellen Vorteil von Investitionsprojekten.

Statische Investitionsrechnung

Kostenvergleichsrechnung, Gewinnvergleichsrechnung, Rentabilitätsvergleichsrechnung und die Amortisationsrechnung gehören zu den statischen Investitionsrechnungen. Solche Verfahren werden statisch genannt, weil in den Berechnungen Zeitverläufe nicht beachtet werden. Anstelle, dass die verschiedenen Zahlungen eines Zeitpunktes ermitteln werden, wird ein Durchschnittswert aller Ein- und Auszahlungen gebildet.

Kostenbestandteile:

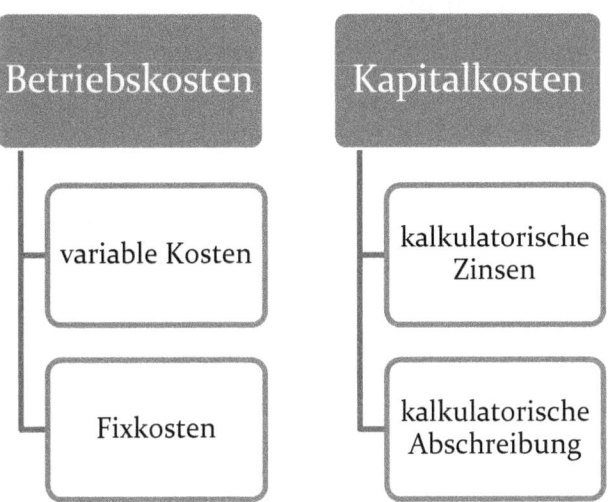

Die kalkulatorische Abschreibung hat zur Aufgabe, die tatsächliche Wertminderung des Anlagevermögens zu erfassen und als Kosten zu verrechnen.

kalkulatorische Abschreibung

$$= \frac{Anschaffungskosten - Restwert\ am\ Ende\ der\ Nutzungsdauer}{Nutzungsdauer}$$

Die kalkulatorischen Zinsen sind Kosten für die Verwendung des betriebsnotwendigen Kapitals.

kalkulatorische Zinsen

$$= \frac{Anschaffungskosten + Restwert\ am\ Ende\ der\ Nutzungsdauer}{2}$$

Gesamtkосten=Fixkоsten + Variable Kоsten (jeweils Stück/Menge)

$$\textbf{Fixkosten} = \frac{Anschaffungskosten - Restwert}{Nutzungsdauer}$$
$$+ \frac{Anschaffungskosten - Restwert}{2}$$

Kritische Auslastung

$$= \frac{Fixkosten\ P2 - Fixkosten\ P1}{variable\ Kosten\ P1 - variable\ Kosten\ P2}$$

Ersatzinvestition

Von Ersatzinvestition im engeren Sinne spricht man, wenn eine alte Anlage durch eine neue ersetzt wird, aber keine Änderung gegenüber der alten Anlage aufweist. Im weiteren Sinne wird von einer Ersatzinvestition gesprochen, wenn eine alte Anlage durch eine neue ersetzt wird und dabei Rationalisierungseffekte auftreten.

ØRückgang des Erlöses

$$= \frac{Erlös\ alte\ Anlage\ am\ Anfang - Erlös\ alte\ Anlage\ am\ Ende}{Umfang\ der\ Vergleichsperiode}$$

Kalkulatorische Zinsen pro Jahr – Vollabschreibung

$$= \frac{Anschaffungspreis}{2} x Zinsen$$

Kalkulatorische Zinsen pro Jahr – Abschreibung mit Restwert

$$= \frac{Anschaffungspreis - Restwert}{2} x Zinsen$$

Gewinnvergleichsrechnung

Die Gewinnvergleichsrechnung dient zum Vergleich mehrerer Investitionsmöglichkeiten.

Einbezogen werden die unterschiedlichen quantitativen und qualitativen Leistungsfähigkeiten der Investitionsobjekte.

$$Gewinn = Erlöse - Kosten$$

Der Gewinn sollte stets größer als 0 sein. Die Investition mit dem höchsten Gewinn sollte bevorzugt werden.

<u>Kritische Auslastung – Break-Even-Analyse</u>

$$\textbf{\textit{kritische Auslastung}}$$
$$= \frac{\text{Gesamtfixkosten P2} - \text{Gesamtfixkosten P1}}{(\text{variable Fixkosten P1} - \text{variable Fixkosten P2}) - (\textit{Preis P1} - \textit{Preis P2})}$$

$$\textbf{\textit{Break} - \textit{Even} - \textit{Point}} = \frac{\text{Gesamtfixkosten}}{\textit{Stückdeckungsbeitrag}}$$

$$\textbf{\textit{Stückdeckungsbeitrag}} = \text{Erlöse} - \text{variable Kosten}$$

Rentabilitätsrechnung

Die Rentabilität gibt den prozentualen Anteil an, um den sich das durchschnittlich im Investitionsprojekt gebundene Kapital innerhalb einer Periode verzinst.

$$\textbf{\textit{Rentabilität}} = \frac{\text{durchschnittlicher Gewinn}}{\textit{durchschnittlichen Kapitaleinsatz}}$$

Das durchschnittlich gebundene Kapital berechnet sich aus der Summe von Anschaffungswert und Restwert geteilt durch zwei.

$$\emptyset \; Kapitaleinsatz = \frac{\text{Anschaffungskosten} + \text{Restwert}}{2}$$

Ersatzinvestition

Ersatzinvestition sind Investitionen, durch die bereits vorhandene Investitionsgüter durch Austausch ersetzt werden. Am häufigsten geht es dabei um die Erneuerung von Anlagen.

Hierbei wird zwischen Reinvestitionen und Erweiterungsinvestitionen unterschieden.

$$Rentabilität = \frac{\text{Minderkosten}}{durchschnittlichen \; Kapitaleinsatz \; neu}$$

Amortisationsrechnung

Bei der Amortisationsrechnung wird die Rückflussdauer einer Investition, also der Zeitraum, in dem sich die Anschaffungskosten aus den jährlichen Gewinnen und Abschreibungen der Investition refinanzieren, berechnet. Vorteilhaft ist eine Investition, die den schnellsten Mittelrückfluss gewährleistet.

Die Amortisationsrechnung nach der Durchschnittsmethode stellt auf den durchschnittlichen jährlichen Mittelrückfluss ab:

$$Amortistionsdauer$$
$$= \frac{\text{Kapitaleinsatz}}{\emptyset \; Rückflüsse \; (Gewinn + kalk. Abschreibung)}$$

Die Amortisationsrechnung nach der Kumulationsmethode stellt nicht auf den durchschnittlichen jährlichen Rückfluss ab, sondern bezieht die jährlich unterschiedlichen Mittelrückflüsse ein.

Beispiel:

Eine Investition in Höhe von 100.000 Euro generiert über eine Laufzeit von 3 Jahren folgende Mittelrückflüsse:

Mittelrückfluss			
	Jahr 1	Jahr 2	Jahr 3
Mittel-rückfluss	60.000	40.000	20.000

In diesem Fall wäre der durchschnittliche Mittelrückfluss 40.000 Euro, welcher sich wie folgt errechnet:

$$40000 = \frac{60.000 + 40.000 + 20.000}{3}$$

Ersatzinvestitionsentscheidung

$$\textbf{Amortisationsdauer} = \frac{\text{zusätzlicher Kapitaleinsatz}}{\text{Kostenersparnis} + \text{zusätzliche Abschreibungen}}$$

Dynamische Investitionsrechnung

Die dynamische Investitionsrechnung – auch Mehrperiodenverfahren genannt – berücksichtigen alle Perioden, über die die Investition Auszahlungen und Einzahlungen generiert wird

Barwert

Der Barwert ist der Gegenwartswert von Zahlungen, der sich durch Abzinsung ergibt.

Er gibt an, welchen Wert eine oder mehrere während einer Betrachtungsperiode geleisteten Zahlung zu Beginn der Betrachtungsperiode hat.

Endwert

Der Endwert ist der Wert unter Berücksichtigung von Ein- und Auszahlungen ist der Wert, der sich durch Aufzinsung ergibt.

Er gibt an, welchen Wert eine oder mehrere während einer Betrachtungsperiode geleisteten Zahlung am Ende der Betrachtungsperiode aufweist.

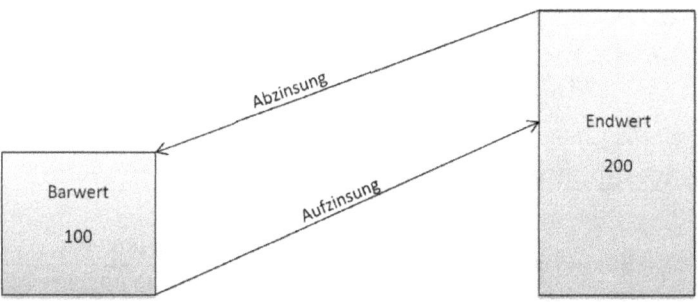

Einmalzahlungen

Aufzinsungsfaktor = q=(1+p)

Ein heute fälliger Betrag wird mit Zins und Zinseszins über n Jahre aufgezinst. Eine "Einmalzahlung jetzt" wird in eine "Einmalzahlung in x Jahren" umgerechnet.

Abzinsungsfaktor = $\dfrac{1}{q}$ = $\dfrac{1}{(1+p)}$

Abzinsungsfaktoren   p = Zinssatz [% p. a.]   n = Laufzeit [a]

n \ p	3,0	4,0	5,0	6,0	7,0	8,0	9,0	10,0
1	0,970874	0,961538	0,952381	0,943396	0,934579	0,925926	0,917431	0,909091
2	0,942596	0,924556	0,907029	0,889996	0,873439	0,857339	0,841680	0,826446
3	0,915142	0,888996	0,863838	0,839619	0,816298	0,793832	0,772183	0,751315
4	0,888487	0,854804	0,822702	0,792094	0,762895	0,735030	0,708425	0,683013
5	0,862609	0,821927	0,783526	0,747258	0,712986	0,680583	0,649931	0,620921
6	0,837484	0,790315	0,746215	0,704961	0,666342	0,630170	0,596267	0,564474
7	0,813092	0,759918	0,710681	0,665057	0,622750	0,583490	0,547034	0,513158
8	0,789409	0,730690	0,676839	0,627412	0,582009	0,540269	0,501866	0,466507
9	0,766417	0,702587	0,644609	0,591898	0,543934	0,500249	0,460428	0,424098
10	0,744094	0,675564	0,613913	0,558395	0,508349	0,463193	0,422411	0,385543

Ein in x Jahren fälliger Betrag wird mit Zins und Zinseszins auf einen heute fälligen Betrag abgezinst. Eine "Einmalzahlung in x Jahren" wird in eine "Einmalzahlung jetzt" umgerechnet.

Barwert einer einmaligen Zahlung

$$K_0 = K_n \times \frac{1}{(1+i)^n}$$

Rentenbarwertfaktor $= \dfrac{q\text{-}1}{q \times p}$

Rentenbarwertfaktornachschüssig $= \dfrac{q\text{-}1}{q \times p}$

Rentenbarwertfaktorvorschüssig $= q \times \dfrac{q\text{-}1}{q \times p}$

Annuitätenfaktor $= \dfrac{q \times p}{q\text{-}1}$

Der Annuitätenfaktor, auch Wiedergewinnungsfaktor genannt, dient der Umrechnung von Barwerten bestimmter Einzahlungen und Auszahlungen in jährlich gleichbleibende Beträge (Annuitäten).

Endwertfaktor $= \dfrac{q\text{-}1}{p}$

Der Endwertfaktor verwandelt eine Zahlungsreihe in "Einmalzahlung nach x Perioden".

Restwertverteilungsfaktor = $\dfrac{p}{q-1}$

Der Restwertverteilungsfaktor verteilt einen in x Jahren fälligen Betrag unter Berücksichtigung von Zins und Zinseszins in gleichmäßigen Beträgen R auf die Laufzeit von x Jahren. Eine "Einmalzahlung in x Jahren" wird in eine Zahlungsreihe umgerechnet.

Kapitalwertmethode

Kapitalwert=Anschaffungkosten + $\dfrac{R\ddot{u}ckfluss\,T1}{q}$ + $\dfrac{R\ddot{u}ckfluss\,T2}{q^2}$ + $\cdots$

Kriterium:

- Der Kapitalwert sollte größer bzw. gleich 0 sein.
- Stehen mehrere Alternativen zur Auswahl, so ist die mit dem höchsten Kapitalwert zu bevorzugen.

Ersatzproblem - sofortige Investition

Kapitalwert=Restwerterlös + Kapitalwert Neuanschaffung x $\dfrac{q}{q-1}$

Interne Zinsfußmethode

Die interne Zinsfuß-Methode ist eine dynamische Investitionsrechnung, die zwei Zinssätze miteinander vergleicht, den internen Zinsfuß r und den Kalkulationszinssatz i. Lohnend ist eine Investition dann, wenn ihr interner Zinssatz mindestens so hoch ist wie der Kalkulationszinssatz des Investors. Der interne Zinsfuß (einer

Investition oder Finanzierung ist derjenige Diskontierungszins-
satz, bei dessen Anwendung der Kapitalwert der betreffenden Investition oder Finanzierung gerade gleich Null wird. Oder: Interner Zinsfuß ist der Zinsfuß, bei dem Auszahlungs- und Einzah-
lungsbarwerte einer Investition oder Finanzierung übereinstim-
men.

$$\text{interner Zinsfuß (r)} = i_1 - C_1 * \frac{i_1 - i_2}{C_1 - C_2}$$

i=Versuchszinssätze C=Kapitalwertsätze

Annuitätenmethode

Die Annuitätenmethode dient dazu, einen finanzmathematischen
durchschnittlichen jährlichen Überschuss zu ermitteln.

Während die Kapitalwertmethode einen Totalerfolg bestimmt
(wie viel Gewinn wird zusätzlich zur kalkulierten Verzinsung erreicht), wird bei der Annutitätenmethode dieser Erfolg periodi-
siert. Hierzu wird der barwertige Gewinn (also der Kapitalwert)
rechnerisch mit Hilfe des Annuitätenfaktors gleichmäßig über den
Investitionszeitraum verteilt:

Annuität oder finanzmathematischer, durchschnittlicher jährlicher
Überschuss (DJÜ)

$$= C_0 \times \frac{q^n[q-1]}{q^n - 1}$$

Ein positiver DJÜ bedeutet:

- der Investor gewinnt sein eingesetztes Kapital zurück
- er erhält eine Verzinsung in Höhe des Kalkulationszinssat-
  zes, und

- er erhält darüber hinaus im Jahresdurchschnitt einen konstanten Überschuss (extra profit) in Höhe des DJÜ.
- Umgekehrt erleidet der Investor bei einem negativen DJÜ - gemessen an der kalkulierten Verzinsung - einen Durchschnittsverlust je Rechnungsperiode in eben dieser Höhe.

Dynamische Amortisationsrechnung

Gegenstand der dynamischen Amortisationsrechnung - auch Pay-off-Methode genannt - ist die Bestimmung des Zeitpunkts, an dem das eingesetzte Kapital durch Einzahlungsüberschüsse zurückgewonnen wird. Gesucht wird bei der dynamischen Amortisationsrechnung folglich die Periode, in der der Kapitalwert in Abhängigkeit der Zeit erstmalig gleich oder größer Null wird. Im Vergleich zur statischen Variante der Amortisationsrechnung werden bei der dynamischen Amortisationsrechnung Zinsen und Zinseszinseffekte berücksichtigt.

Formel:

$$I_0 = \sum_{t=1}^{n} RF_t$$

I_0= Investitionsausgabe in Periode 0
t = Periode
n= Anzahl aller Perioden
RF = Rückfluss

Kriterium:

Eine Investition ist dann von Vorteil, wenn die veranschlagte Amortisationsdauer unterschritten wird. Es sollte daher die Investition gewählt werden, welche die kürzeste Amortisationsdauer hat.

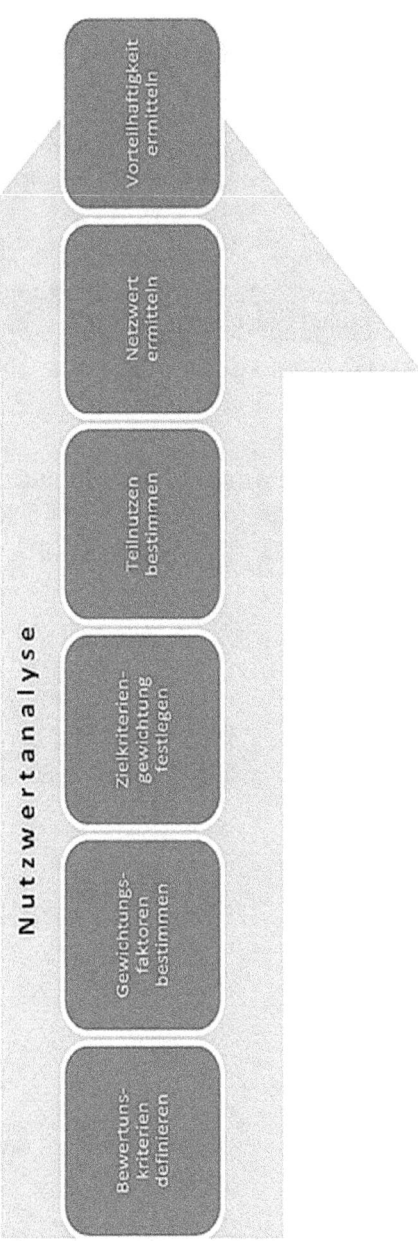

Rechtliche Vorschriften zur Bilanz und ihrer Gliederung

§ 247 Abs. 1 HGB schreibt vor, dass das Anlage- und Umlaufvermögen, das Eigenkaptital und die Verbindlichkeiten hinreichend zu gliedern sind.

Eine Bilanz, die nur diese vier Posten ungegliedert enthalten würde, entspräche nicht den *Grundsätzen ordnungsmäßiger Buchführung (GoB)* und der Forderung nach Klarheit und Übersichtlichkeit.

Das HGB enthält zur Form und zum Inhalt der Bilanz Vorschriften, die auch sinngemäß für die nach §141 AO Bilanzierungspflichtigen gelten (§141 Abs. 1 Satz 2 AO):

Die Bilanz ist nach den Grundsätzen ordnungsmäßiger Buchführung (GOB) aufzustellen.	§ 243 Abs. 1 HGB
Die Bilanz ist innerhalb einer angemessenen Frist nach dem Stichtag aufzustellen.	§ 243 Abs. 1 HGB
Die Bilanz muss klar und übersichtlich sein.	§ 243 Abs. 2 HGB
Die Bilanz ist in deutscher Sprache und in Euro aufzustellen.	§ 244 HGB
Die Bilanz ist vom Kaufmann unter Angabe des Datums zu unterzeichnen.	§ 245 HGB
In der Bilanz sind das Vermögen, das Eigenkapital und die Verbindlichkeiten gesondert auszuweisen und hinreichend zu gliedern.	§ 247 Abs. 1 HGB

Hinsichtlich der Bilanzgliederung muss zwischen zwei Gruppen unterschieden werden:

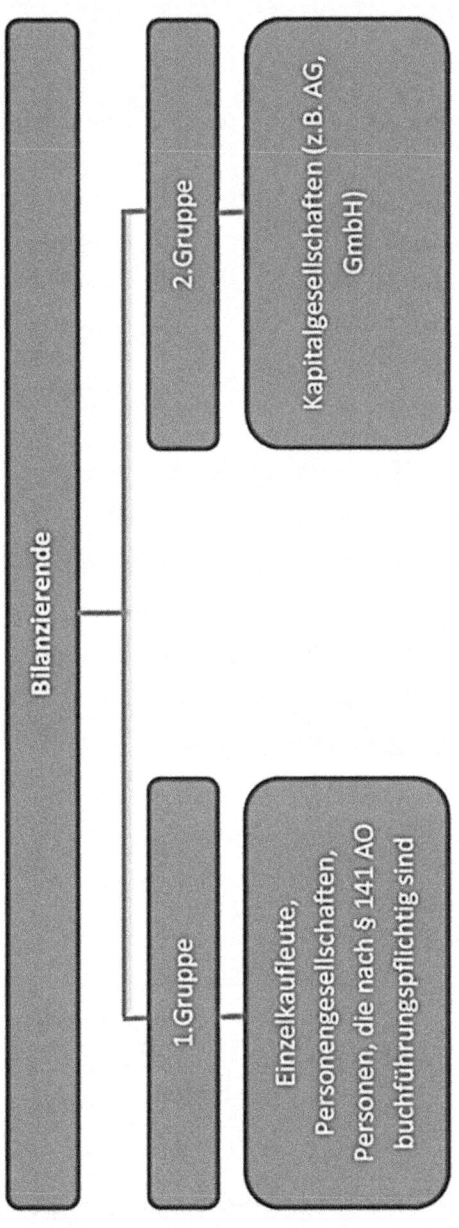

Bilanzgliederung einer kleinen Kapitalgesellschaft

Aktiva **Passiva**

A. Anlagevermögen	**A. Eigenkapital**
I. Immaterielle Vermögensgegenstände	I. Gezeichnetes Kapital
II. Sachanlagen	II. Kapitalrücklagen
III. Finanzanlagen	III. Gewinnrücklagen
	IV. Gewinnvortrag/Verlustvortrag
	V. Jahresüberschuss/Jahresfehlbetrag
B. Umlaufvermögen	**B. Rückstellungen**
I. Vorräte	
II. Forderungen und sonstige Vermögensgegenstände	
III. Wertpapiere	**C. Verbindlichkeiten**
IV. Kassenbestand, Bundesbank-guthaben, Guthaben bei Kreditinstituten und Schecks	
C. Rechnungsabgrenzungsposten	**D. Rechnungsabgrenzungsposten**

Soll ein Sonderposten mit Rücklagenanteil ausgewiesen werden, hat der Ausweis nach dem Eigenkapital und vor den Rückstellungen zu erfolgen (§ 273 HGB).

In der Bilanz ist zu jedem Posten der entsprechende Betrag des vorhergehenden Geschäftsjahres anzugeben (§265 Abs. 2 Satz 1 HGB).

HGB und AO scheiben der 1. Gruppe der Bilanzierenden kein bestimmtes Bilanzgliederungsschema vor. Die Entscheidung über die Bilanzgliederung bleibt ihnen unter Berücksichtigung der GOB vorbehalten. Für die 2. Gruppe, den Kapitalgesellschaften gibt es ein ausführliches Bilanzierungsschema (§ 266 HGB)

Bilanzgliederung einer Nicht-Kapitalgesellschaft

Aktiva   **Passiva**

A. Anlagevermögen   **A. Eigenkapital**

    I.   Immaterielle Vermö-
       gensgegenstände

      1. Software

      2. Geschäfts- und
      Firmenwert

    II. Sachanlagen

      1. Grundstücke und
      Bauten

      2. technische Anlagen
      und Maschinen

      3. Betriebs-und
      Geschäftsausstattung

    III. Finanzanlagen

      1. Beteiligungen

      2. Wertpapiere des
      Anlagevermögens

(bei Personenge-
sellschaften mit einer
natürlichen Person
als Vollhafter geglie-
dert nach Voll-
hafter und Teilhafter)

B. Umlaufvermögen

   I.   Vorräte

       1.Roh-, Hilfs- u. Betriebsstoffe

       2. fertige Erzeugnisse und Waren

   II. Forderungen und sonstige Vermögensgegenstände

       1. Forderungen aus Lieferung und Leistungen

       2.sonstige Vermögensgegenstände

   III. Wertpapiere

       1. sonstige Wertpapiere

   IV. Kassenbestand, Bundesbank-guthaben, Guthaben bei Kreditinstituten und Schecks

C. Rechnungsabgrenzungsposten

B.   Rückstellungen

   1. Rückstellungen auf Pensionen

   2. Steuerrückstellungen

   3. sonstige Rückstellungen

C.   Verbindlichkeiten

   1. Verbindlichkeiten gegenüber Kreditinstituten

   2. Verbindlichkeiten aus Lieferungen und Leistungen

   3. Verbindlichkeiten aus der Annahme gezogener Wechsel

   4. sonstige Verbindlichkeiten

D.   Rechnungsabgrenzungsposten

Übersicht über die Inhalte der Bilanz nach §266 HGB

Große und mittelgroße Kapitalgesellschaften (vgl. Betriebsgröße nach §267 HGB) haben die in §266 Abs. 2 und Abs. 3 HGB bezeichneten Posten gesondert und in der vorgeschriebenen Reihenfolge auszuweisen. Für kleine Kapitalgesellschaften gibt es Erleichterungen. Für Personengesellschaften bestehen keine entsprechend präzisen Reglementierungen, weil die §§265ff HGB für sie nicht anwendbar sind. Das Bilanzgliederungsschema wurde mit Wirkung durch das damalige Bilanzrichtlinengesetz (BiRiLiG) ab 01.01.1986 eingeführt und ab 2009 (*freiwillige Anwendung*) bzw. ab 2010 (*verbindliche Anwendung*) erst durch das Bilanzrechtsmodernisierungsgesetz (BilMoG) verändert:

Aktiva:

A. Anlagevermögen:
I. Immaterielle Vermögensgegenstände:
1. Selbst geschaffene gewerbliche Schutzrechte und ähnliche Rechte und Werte;
2. entgeltlich erworbene Konzessionen, gewerbliche Schutzrechte und ähnliche Rechte und Werte sowie Lizenzen an solchen Rechten und Werten;
3. Geschäfts- oder Firmenwert;
4. geleistete Anzahlungen
II. Sachanlagen:
1. Grundstücke, grundstücksgleiche Rechte und Bauten einschließlich der Bauten auf fremden Grund- stücken;
2. technische Anlagen und Maschinen;
3. andere Anlagen, Betriebs- und Geschäftsausstattung;
4. geleistete Anzahlungen und Anlagen im Bau; III. Finanzanlagen:
1. Anteile an verbundenen Unternehmen;
2. Ausleihungen an verbundene Unternehmen;
3. Beteiligungen;
4. Ausleihungen an Unternehmen, mit denen ein Beteiligungsverhältnis besteht;
5. Wertpapiere des Anlagevermögens;
6. sonstige Ausleihungen.
B. Umlaufvermögen:
I. Vorräte:
1. Roh-, Hilfs- und Betriebsstoffe;
2. unfertige Erzeugnisse;
3. fertige Erzeugnisse und Waren;
4. geleistete Anzahlungen;
II. Forderungen und sonstige Vermögensgegenstände:
1. Forderungen aus Lieferungen und Leistungen;
2. Forderungen gegen verbundene Unternehmen;
3. Forderungen gegen Unternehmen, mit denen ein Beteiligungsverhältnis besteht;
4. sonstige Vermögensgegenstände; III. Wertpapiere:
1. Anteile an verbundenen Unternehmen;
2. sonstige Wertpapiere;
IV. Schecks, Kassenbestand, Bundesbank- und Postgiro- guthaben, Guthaben bei Kreditinstituten.
C. Rechnungsabgrenzungsposten
D. Aktive latente Steuern
E. Aktiver Unterschiedsbetrag aus Vermögensverrechnung

Passiva:

A. Eigenkapital:
I. Gezeichnetes Kapital; II. Kapitalrücklage;
III. Gewinnrücklagen:
1. gesetzliche Rücklagen;
2. Rücklage für Anteile an einem herrschenden oder mehrheitlich beteiligten Unternehmen;
3. satzungsmäßige Rücklagen;
4. andere Gewinnrücklagen. IV. Gewinnvortrag/Verlustvortrag;
V. Jahresüberschuss/Jahresfehlbetrag.
B. Rückstellungen:
1. Rückstellungen für Pensionen und ähnliche Verpflichtungen;
2. Steuerrückstellungen;
3. Sonstige Rückstellungen.
C. Verbindlichkeiten:
1. Anleihen,
davon konvertibel;
2. Verbindlichkeiten gegenüber Kreditinstituten;
3. erhaltene Anzahlungen auf Bestellungen;
4. Verbindlichkeiten aus Lieferungen und Leistungen;
5. Verbindlichkeiten aus der Annahme gezogener Wechsel und der Ausstellung eigener Wechsel;
6. Verbindlichkeiten gegenüber verbundenen Unternehmen;
7. Verbindlichkeiten gegenüber Unternehmen, mit denen ein Beteiligungsverhältnis besteht;
8. Sonstige Verbindlichkeiten,
davon aus Steuern,
davon im Rahmen der sozialen Sicherheit.
D. Rechnungsabgrenzungsposten
E. Passive latente Steuern

Folgende Erweiterungen sind im BilMoG verankert: die Bewertung selbstgeschaffener immaterieller Vermögenswerte (neues Wahlrecht nach §248 Abs. 2 HGB), der separate Ausweis der latenten Steuern in einem eigenen Posten, der Ausweis des aktiven Unterschiedsbetrages aus Kapitalkonsolidierung und die Änderungen bei dem Ausweis der eigenen Anteile.

Dieses Schema ist nun nicht mehr nicht wie früher um zusätzliche Positionen zu erweitern; jedoch können Haftungsverhältnisse (Eventualverbindlichkeiten) bestehen, die nach wie vor separat angabepflichtig sind und insofern zu den feststehenden Bilanzpositionen hinzukommen.

Kleine Kapitalgesellschaften können bereits bei Aufstellung des Jahresabschlusses bestimmte Bilanzpositionen zusammenfassen und eine verkürzte Bilanz aufstellen (§266 Abs. 1 Satz 3 HGB). Sie haben lediglich die mit Buchstaben und römischen Zahlen bezeichneten Posten gesondert und in der vorgeschriebenen Reihenfolge zu übernehmen. Mittelgroßen Kapitalgesellschaften sind bestimmte Erleichterungen hinsichtlich der Bilanzgliederung nur im Rahmen der Offenlegung gestattet (§327 HGB).

Um die Änderungen durch das Bilanzrechtsmodernisierungsgesetz zu demonstrieren, hier zum Vergleich der **alte** Stand, der bis 2008 angewendet werden muss und in 2009 noch angewandt werden durfte:

Aktiva:

A. Anlagevermögen:
I. Immaterielle Vermögensgegenstände:
1. Konzessionen, gewerbliche Schutzrechte und ähnliche Rechte und Werte sowie Lizenzen an solchen Rechten und Werten;
2. Geschäfts- oder Firmenwert;
3. geleistete Anzahlungen
II. Sachanlagen:
1. Grundstücke, grundstücksgleiche Rechte und Bauten einschließlich der Bauten auf fremden Grund- stücken;
2. technische Anlagen und Maschinen;
3. andere Anlagen, Betriebs- und Geschäftsausstattung;
4. geleistete Anzahlungen und Anlagen im Bau; III. Finanzanlagen:
1. Anteile an verbundenen Unternehmen;
2. Ausleihungen an verbundene Unternehmen;
3. Beteiligungen;
4. Ausleihungen an Unternehmen, mit denen ein Beteiligungsverhältnis besteht;
5. Wertpapiere des Anlagevermögens;
6. sonstige Ausleihungen.
B. Umlaufvermögen:
I. Vorräte:
1. Roh-, Hilfs- und Betriebsstoffe;
2. unfertige Erzeugnisse;
3. fertige Erzeugnisse und Waren;
4. geleistete Anzahlungen;
II. Forderungen und sonstige Vermögensgegenstände:
1. Forderungen aus Lieferungen und Leistungen;
2. Forderungen gegen verbundene Unternehmen;
3. Forderungen gegen Unternehmen, mit denen ein Beteiligungsverhältnis besteht;
4. sonstige Vermögensgegenstände; III. Wertpapiere:
1. Anteile an verbundenen Unternehmen;
2. eigene Anteile;
3. sonstige Wertpapiere;
IV. Schecks, Kassenbestand, Bundesbank- und Postgiro- guthaben, Guthaben bei Kreditinstituten.
C. Rechnungsabgrenzungsposten

Passiva:

A. Eigenkapital:
I. Gezeichnetes Kapital; II. Kapitalrücklage;
III. Gewinnrücklagen:
1. gesetzliche Rücklagen;
2. Rücklagen für eigene Anteile;
3. satzungsmäßige Rücklagen;
4. andere Gewinnrücklagen. IV. Gewinnvortrag/Verlustvortrag;
V. Jahresüberschuss/Jahresfehlbetrag.
B. Rückstellungen:
1. Rückstellungen für Pensionen und ähnliche Verpflichtungen;
2. Steuerrückstellungen;
3. Sonstige Rückstellungen.
C. Verbindlichkeiten:
1. Anleihen,
davon konvertibel;
2. Verbindlichkeiten gegenüber Kreditinstituten;
3. erhaltene Anzahlungen auf Bestellungen;
4. Verbindlichkeiten aus Lieferungen und Leistungen;
5. Verbindlichkeiten aus der Annahme gezogener Wechsel und der Ausstellung eigener Wechsel;
6. Verbindlichkeiten gegenüber verbundenen Unternehmen;
7. Verbindlichkeiten gegenüber Unternehmen, mit denen ein Beteiligungsverhältnis besteht;
8. Sonstige Verbindlichkeiten,
davon aus Steuern,
davon im Rahmen der sozialen Sicherheit.
D. Rechnungsabgrenzungsposten

US-GAAP

Die folgenden Seiten geben einen Überblick über die US GAAP. Es werden die **Grundlagen**, maßgeblichen **Institutionen** und die **Bestandteile** dargestellt. Darüber hinaus wird noch auf die Anforderungen der **SEC**, die **Prüfung** und über den aktuellen Stand der **Konvergenz** zwischen US GAAP und IAS/IFRS informiert.

Grundlagen

Die **US GAAP** (United States Generally Accepted Accounting Principles) sind die die Grundsätze ordnungsmäßiger Buchführung in den Vereinigten Staaten. Sie bilden die Basis für die Erstellung des Jahresabschlusses (financial statements).

Das Ziel der US GAAP ist die Bereitstellung von **entscheidungsrelevanten Informationen** für gegenwärtige oder potentielle Investoren. Weitere Adressaten sind unter anderem Arbeitnehmer, Lieferanten und Behörden.

Die US GAAP sind einzelfallbezogen und beruhen auf richterlicher Rechtsprechung. Sie haben keinen Gesetzescharakter erhalten aber durch die Anforderungen der SEC formell Rechtskraft.

In den Vereinigten Staaten gibt es keine allgemeine gesetzliche Pflicht zur Erstellung von Jahresabschlüssen. Unternehmer sind zwar grundsätzlich zur Buchführung verpflichtet, allerdings bestehen keine spezifischen Regelungen. Daher stellen viele Unternehmen nur eine Ausgaben-Überschuss Rechnung auf, die den steuerlichen Vorschriften entspricht.

Allerdings **fordert die SEC** die Prüfung und Offenlegung der Jahresabschlüsse eines Unternehmens, deren Wertpapiere an einer von Ihr beaufsichtigten Börse (z.B. NYSE oder NASDAD) emittiert und/oder gehandelt werden. Damit sind für diese Unternehmen die **US GAAP verpflichtend** anzuwenden.

Es besteht keine Maßgeblichkeit der Handelsbilanz für die Steuerbilanz. Die US GAAP wurden durch Einzelfallregelungen (case law) entwickelt, sie sind fallbezogen.

Sofern der zur Kreditaufnahme der Kapitalmarkt in Anspruch genommen wird, werden von den Kreditgebern üblicherweise ebenfalls Jahresabschlüsse gefordert, die den US GAAP entsprechen.

Ein Wirtschaftsprüfer muss in seinem Testat bestätigen, dass die US GAAP eingehalten worden sind.

Bestandteile

Der US amerikanische Jahresabschluss (financial statements) besteht aus:

- der **Bilanz** (statement of financial position)

- der **Gewinn- und Verlustrechnung** (Statement of Earnings)

- der **Kapitalflussrechnung** (Statements of Cash Flows)

- der **Eigenkapitalveränderungsrechnung**

- und den **Anhangs Angaben** sowie Erläuterungen (notes)

Der US amerikanische Jahresabschluss (financial statements) besteht aus der Bilanz (Financial position), der GuV (Earnings), der Kapitalflussrechnung (Cash flows), der Eigenkapitalveränderungsrechnung und den Anhangs Angaben und Erläuterungen (notes).

Das **Conceptual Framework** soll eine übergreifende theoretische Basis und Grundlage für die Entwicklung von neuen Standards zur Verfügung stellen. Das Framework ist allerdings **nicht** verbindlich. Bisher wurden sieben SFAC entwickelt. SFAC 4 bezieht sich auf nicht geschäftliche Unternehmen (non-business enterprises) und SFAC 3 wurde durch SFAC 3 ersetzt.

Konvergenz US-GAAP und IAS / IFRS

In den letzten Jahren sind das International Accounting Standards Board (IASB) und das US Financial Accounting Standards Board (FASB) übereingekommen, eine **Konvergenz zwischen den US GAAP und den IAS/IFRS zu erreichen**.

Im Oktober 2002 sind FASB und IASB im sogenannten **Norwalk Agreement** übereingekommen, die gemeinsame Zusammenarbeit zu verbessern und die **Differenzen**, die zwischen den US GAAP und den IAS/IFRS noch bestehen, zu **beseitigen**.

Ende 2008 wurde ein aktualisiertes **Memorandum of Understanding (MOU)** veröffentlicht, in dem die Prioritäten und Ziele für die gemeinsamen Projekte bis 2011 definiert wurden.

Die **SEC** hat für alle nach dem November 2007 endende Geschäftsjahre erlaubt, dass für nicht US Gesellschaften die in den USA registriert sind **(foreign private issuer)** einen Abschluss nach IFRS aufstellen können, **ohne Überleitungsrechnung** auf US GAAP. Ein solcher Abschluss muss die IFRS Standards einhalten.

Hierdurch wird es auch wahrscheinlich, dass in Zukunft auch **US Gesellschaften** für die SEC Berichtpflichten **IFRS Abschlüsse** einreichen dürfen. Möglicherweise wird die Anwendung der IFRS durch die SEC sogar ab 1015 verpflichtend vorgeschrieben.

Aktueller Stand des Memorandum of Understanding (MoU):

Nach ihrem gemeinsamen Treffen im September 2002 haben der IASB und der FASB das Norwalk Agreement herausgegeben. Dabei wurde das Ziel bekräftigt, gemeinsam an der Entwicklung von qualitativ hochwertigen, zueinander konsistenten Rechnungslegungsstandards zu arbeiten, die sowohl national als auch international angewendet werden können.

Dabei haben der FASB und der IASB beschlossen, zusammen

- ihre bestehenden Rechnungslegungs-Standarts so bald wie möglich vollständig konsistent zu machen und

- die zukünftigen Projekte gemeinsam zu koordinieren um die erreichte Konvergenz beibehalten zu können.

Bei ihrem Treffen im April und Oktober 2005 haben FASB und IASB bekräftigt, dass die Entwicklung eines gemeinsamen, hochwertigen Satz von Rechnungslegungs-Standards weiterhin sehr wichtig ist.

Im Februar 2006 wurde ein Memorandum of Understanding (MoU) herausgegeben. Dieses MoU definiert spezifische Meilensteine, die bis 2008 erreicht werden sollten. Dabei basiert das Memorandum auf **drei Prinzipien**:

- Konvergenz von Rechnungslegungsstandards kann am besten durch die **kontinuierliche Entwicklung** von gemeinschaftlich herausgegebenen, hochwertigen Standards erreicht werden.

- Der Versuch, bereits bestehende Standards zu harmonisieren, bei denen erheblicher Anpassungsbedarf besteht, ist nicht effizient. Stattdessen sollte in diesen Fällen ein gemeinschaftlicher Standard **neu entwickelt** werden, der gezielt auf die Informationsbedürfnisse der Anteilseigner eingeht.

- Den Informationsbedürfnissen der Anteilseigner gerecht zu werden, bedeutet dass die Boards Konvergenz erreicht wird durch das Ersetzen von überarbeitungsbedürftigen Standards durch gemeinsam entwickelte.

Durch die Fortschritte, die die beiden Boards bis 2007 erreicht haben und aufgrund anderer Faktoren, hat die SEC **das Erfordernis einer Überleitungsrechnung** auf die US GAAP für nicht US Gesellschaften die in den USA registriert sind, aufgehoben. Dies gilt insoweit, als diese Gesellschaften die IFRS in der vom **IASB herausgegebenen Fassung verwenden**. Im Gegenzug soll für US Gesellschaften, die in Europa registriert sind, eine Überleitung auf die IFRS entfallen.

Hauptpunkte

- Konsolidierung von Leasinggeschäften (Consolidation Leases)

- Ausbuchung von Verbindlichkeiten und Eigenkapital (Derecognition Liabilities and equity)

- Zeitwertbewertung von Post-Employments Benefits

- Umsatzrealisierung (Financial statement presentation Revenue recognition)

- Finanzinstrumente (Financial instruments)

Diesbezüglich wurde eine **Roadmap** veröffentlicht, die den IAS/IFRS zugesteht, die global anerkannten Rechnungslegungsstandards zu werden, wenn gewisse Voraussetzungen (**7 Milestones**) erreicht werden.

- Verbesserung der Rechnungslegung Standards
- Förderung der Unabhängigkeit und Finanzierung der International Accounting Standards

Committee Foundation.

- Verbesserung von Interaktiven Verfahren (z.B.XBRl) zur IFRS Rechnungslegung.

- Ausbildung und Training für IAS/IFRS in den Vereinigten Staaten

- Eingeschränkte frühere Anwendung für bestimmte US Gesellschaften ab 2010.

- Abhängig von den Schritten 1-5 wird die SEC 2011 die weiteren Schritte entscheiden.

- Mögliche verpflichtende Einführung

Corporate Governance

- Corporate Governance umfasst das gesamte System der Leitung und Überwachung eines Unternehmens, einschließlich seiner Organisation, seiner Werte und geschäftspolitischen Grundsätze und Leitlinien sowie der internen und externen Kontroll- und Überwachungsmechanismen. Gute und transparente Corporate Governance gewährleistet eine verantwortliche, auf Wertschöpfung ausgerichtete Leitung und Kontrolle des Unternehmens. Sie fördert das Vertrauen der nationalen und internationalen Anleger, der Finanzmärkte, der Kunden und anderen Geschäftspartner, der Mitarbeiter sowie der Öffentlichkeit.
- Der Deutscher Corporate Governance Kodex wendet sich an börsennotierte Gesellschaften und wird jährlich überprüft

Comply or Explain

- Der Kodex ist kein Recht im formellen Sinne, sondern wird als "Soft Law" eingestuft. Rechtliche Verbindlichkeit erlangen die Empfehlungen des Kodex indes durch die Entsprechens Erklärung nach §161 AktG:

- *(1) Vorstand und Aufsichtsrat der börsennotierten Gesellschaft erklären jährlich, dass den vom Bundesministerium der Justiz im amtlichen Teil des Bundesanzeigers bekannt gemachten Empfehlungen der „Regierungskommission Deutscher Corporate Governance Kodex" entsprochen wurde und wird oder welche Empfehlungen nicht angewendet wurden oder werden und warum nicht. Gleiches gilt für Vorstand und Aufsichtsrat einer Gesellschaft, die ausschließlich andere Wertpapiere als Aktien zum Handel an einem organisierten Markt im Sinn des § 2 Abs. 5 des Wertpapierhandelsgesetzes ausgegeben hat und deren ausgegebene Aktien auf eigene Veranlassung über ein multilaterales Handelssystem im Sinn des § 2 Abs. 3 Satz 1 Nr. 8 des Wertpapierhandelsgesetzes gehandelt werden.*
- *(2) Die Erklärung ist auf der Internetseite der Gesellschaft dauerhaft öffentlich zugänglich zu machen.*

- Dem Kodex liegt das Prinzip des "comply or explain" zugrunde. Danach müssen die Empfehlungen und Anregungen zwar nicht beachtet werden, Abweichungen von den Empfehlungen müssen aber in der Entsprechens Erklärung verlautbart und – entsprechend dem Bilanzrechtsmodernisierungsgesetz (BilMoG) – auch begründet werden.

- Erhöhter Compliance-Aufwand

- Nach der Rechtsprechung des Bundesgerichtshofs muss eine Gesellschaft eines unrichtigen oder durch die Unternehmenspraxis unrichtig gewordenen Entsprechens Erklärung umgehend berichtigen. Das wiederum erhöht den Compliance-Aufwand für die Gesellschaften, da eine fortlaufende Beobachtung der Korrespondenz von Unternehmenspraxis und Entsprechens Erklärung erforderlich ist.

IFRS / IAS

Was ist IFRS / IAS?

Das Bedürfnis nach internationaler Vergleichbarkeit der Rechnungslegung ist keineswegs neu. Bereits 1973 wurde das International Accounting Standards Committee (IASC) als privatrechtlicher Verein nationaler Verbände von Rechnungslegern und Wirtschaftsprüfern, mit Sitz in London gegründet. Über viele Jahre führte das IASC ein kaum beachtetes Schattendasein, bis die Europäische Union im Jahr 2000 beschloss, bei der Fortentwicklung von Rechnungslegungsvorschriften mit dem IASC zusammen zu arbeiten.

Im Jahr 2001 erfolgte eine Umstrukturierung des IASC und die Umbenennung in IASB (International Accounting Standards Board). Sämtliche bis dato vom IASC verabschiedeten International Accounting Standards (IAS) behielten zunächst ihre Gültigkeit und wurden (und werden noch) nach und nach modifiziert oder vom IASB durch neue Standards ersetzt. Die neuen, vom IASB entwickelten Rechnungslegungsstandards heißen nunmehr International Financial Reporting Standards (IFRS) und werden fortlaufend durchnummeriert.

Der IASB wird in der Auslegung der Standards von dem IFRS Interpretations Committee (vormals International Financial Reporting Interpretations Committee, kurz IFRIC und bis 2001 Standing Interpretations Committee, kurz SIC) unterstützt. Dessen Aufgabe besteht in der Beantwortung von Fragen und Interpretationen seitens der IFRS-Anwender und somit einer inhaltlichen Verbindung der einzelnen IFRS. Zudem unterbreitet das IFRS Interpretations Committee aufgrund seiner Erfahrungen mit Umsetzungsproblemen dem IASB Vorschläge zur Verbesserung einzelner Standards.

Der erste IFRS wurde im Juni 2003 vom IASB veröffentlicht (IFRS 1 *Erstmalige Anwendung der International Financial Reporting Standards*). Weitere Standards werden laufend vom IASB verabschiedet. Damit diese gesetzliche Wirkung entfalten, übernimmt die Europäische Kommission die Standards in einem so genannten Endorsement-Prozess (Komitologie-Verfahren). Eine Überführung in nationales Recht ist nicht erforderlich, da die EU-Verordnungen unmittelbar für alle Mitgliedstaaten der Europäischen Union gelten.

Die wesentlichen Veränderungen, die bei einer Umstellung auf IFRS zu erwarten sind, lassen sich am besten verstehen, wenn man sich den grundlegenden Unterschied in der Zielsetzung zwischen deutschem Bilanzrecht und IFRS verdeutlicht. Das deutsche Bilanzrecht ist vom Vorsichtsprinzip geprägt. Im Mittelpunkt stehen die Kapitalerhaltung und der Schutz der Gläubiger. Bei den IFRS dominiert dagegen die Informationsfunktion für Investoren. Dabei steht als Bild des typischen Investors nicht ein Gesellschaftergeschäftsführer einer mittelständischen GmbH im Vordergrund, sondern vielmehr der anonyme Teilnehmer (z.B. als Aktionär oder Anleihegläubiger) der organisierten Kapitalmärkte. Die wesentliche Anforderung an den Jahresabschluss nach IFRS ist daher die „fair presentation", die nicht durch Aspekte der Vorsicht und der Risikovorsorge eingeschränkt werden soll.

Die unterschiedlichen Grundprinzipien der Rechnungslegung nach HGB und IFRS haben erhebliche Bilanzierungs- und Bewertungsunterschiede zufolge. Einige Beispiele:

- Der Goodwill aus Unternehmenserwerben ist nach IFRS zwingend zu aktivieren und nur bei Wertminderung abzuschreiben. Bei einer Aktivierung nach HGB ist eine planmäßige Abschreibung vorgeschrieben.

- Beim Ansatz selbst erstellter immaterieller Wirtschaftsgüter des Anlagevermögens besteht mit einigen Ausnahmen nach HGB ein Aktivierungswahlrecht – nach IFRS

besteht unter bestimmten Voraussetzungen Ansatz-
pflicht (z.B. Entwicklungskosten).

- Die fortgeführten Anschaffungs- bzw. Herstellungskosten stellen nach IFRS bei vielen Vermögenswerten nicht
die Obergrenze der Bewertung dar. Durch die Folgebe-
wertung zum beizulegenden Zeitwert (fair value)
kommt es nach IFRS in vielen Fällen zu einer Über-
schreitung des nach HGB zulässigen Wertes.

- Das Verbot des Ausweises noch nicht realisierter Gewinne
gehört zum Allerheiligsten des deutschen Vorsichtsprin-
zips – bei IFRS ist eine solche vorzeitige Gewinnrealisierung in bestimmten Bereichen (z.b. bei Auftragsferti-
gung) nicht nur erlaubt, sondern Pflicht, sofern die entsprechenden Voraussetzungen vorliegen.

- Für einen aktiven Überhang an latenten Steuern besteht
nach HGB ein Aktivierungswahlrecht – nach IFRS (insbesondere auch auf steuerliche Verlustvorträge) besteht
eine Aktivierungspflicht.

- Nach IFRS sind alle Arten von Aufwandsrückstellungen
verboten.

Diese Beispiele zeigen die Tendenz eines höheren Eigenkapital-
ausweises durch Verhinderung der Bildung von stillen Reserven

und durch – gegenüber dem deutschen Handelsrecht – frühere Gewinnrealisierung.

In einer 2011 durchgeführten Untersuchung bei deutschen kapitalmarktorientierten Unternehmen haben sich die beschriebenen Auswirkungen der Umstellung bestätigt:

Bilanzposition / Kennzahl	Mittelwert der Veränderung
Anlagevermögen	+26%
Immaterielle Vermögensgegenstände	+37%
Geschäfts- und Firmenwerte	+112%
Sonstige immaterielle Vermögensgegenstände	+43%
Sachanlagen	+25%
Finanzanlagen	+2%
Umlaufvermögen	+1%
Vorräte	+1%
Forderungen aus Lieferungen u. Leistung	+2%
Fremdkapital	+11%
Verbindlichkeiten	+37%
Rückstellungen	-15%
Pensionsrückstellungen	+35%
Sonstige Rückstellungen	-30%
Jahreserfolg (GuV)	+27%
Eigenkapitalquote	+16%

Quelle: Coenenberg et al. (2011); in: KoR, S.133ff.

Umbenennung der IAS in IFRS

Zu einiger Verwirrung hat die "Umbenennung" der IAS in IFRS geführt. Der neue hauptamtliche Board hat sich entschieden, die von ihm verabschiedeten Standards IFRS zu nennen. In zeitlicher Betrachtung gilt daher:

- IAS sind die vom IASC verabschiedeten, weiterhin gültigen Standards.

- IFRS sind die vom IASB verabschiedeten neuen Standards.

Andererseits verwendet der Board die neue Bezeichnung IFRS aber auch als Oberbegriff. Die Praxis verfährt bislang häufig eher umgekehrt, indem sie mit "IAS-Bilanz" die nach IAS- und IFRS-Standards erstellte Bilanz bezeichnet (Quelle: Lüdenbach, IFRS, 6. Aufl., 2010, Freiburg i.Br.).

Wer muss nach IFRS / IAS bilanzieren?

Am 19. Juli 2002 haben das Europäische Parlament und der Rat der Europäischen Union die Verordnung Nr. 1606/2002 (sog. IAS-Verordnung) erlassen. Danach haben kapitalmarktorientierte Unternehmen seit 2005 ihre Konzernabschlüsse nach den Vorschriften der IFRS aufzustellen. Kapitalmarktorientierte Unternehmen im Sinne der IAS-Verordnung sind Mutterunternehmen, deren Wertpapiere (Aktien und/oder Schuldverschreibungen) zum Handel an einem organisierten Kapitalmarkt innerhalb der Europäischen Union zugelassen sind.

Neben der verpflichtenden Anwendung von IFRS im Konzernabschluss wurde den Mitgliedstaaten das Wahlrecht eingeräumt, die Anwendung der IFRS auf Einzelabschlussebene bzw. auf Konzernabschlussebene für nicht kapitalmarktorientierte Unternehmen entweder zu gestatten oder gar zwingend vorzuschreiben.

In Deutschland wurde durch das im Dezember 2004 verabschiedete Bilanzrechtsreformgesetz (BilReG) u.a. diese IAS-Verordnung in nationales Recht umgesetzt. Durch Einfügung des § 315a HGB haben nicht kapitalmarktorientierte Mutterunternehmen ein Wahlrecht, ihren Konzernabschluss mit befreiender Wirkung nach IFRS aufzustellen. § 315a Abs. 1 HGB schreibt darüber hinaus sowohl für verpflichtend als auch freiwillig aufgestellte IFRS-Konzernabschlüsse die Beachtung bestimmter nationaler Vorschriften (z.B. zum Lagebericht, zur Prüfung und Offenlegung von Konzernschlüssen und bestimmten Angaben gem. § 313 f. HGB) vor.

Beim Einzelabschluss eröffnet das BilReG großen Kapitalgesellschaften die Möglichkeit, dass in den Pflichtveröffentlichungen ein IFRS-Einzelabschluss an die Stelle des traditionellen HGB-Abschlusses treten kann. Das Unternehmen wird damit in die Lage versetzt, sich seinen Geschäftspartnern mit einem auf

Informationszwecke zugeschnittenen, international "lesbaren" Abschluss zu präsentieren. Für Zwecke der Ausschüttungsbemessung und der Besteuerung ist aber auch weiterhin ein HGB-Einzelabschluss aufzustellen. Unternehmen, die sich entscheiden auf IFRS umzustellen, werden also auf Einzelabschlussebene auf längere Zeit zweigleisig fahren müssen.

Die (freiwillige) Umstellung der Rechnungslegung auf IFRS kann z.b. für solche Unternehmen von Interesse sein, die sich auf den Gang an die Börse vorbereiten oder deren Banken für das Rating einen Abschluss nach IFRS erwarten. Des Weiteren können die Orientierung an den Informationsbedürfnissen der shareholder oder die Vereinheitlichung des internen Konzernreportings Motive für die Umstellung auf IFRS sein.

Aufbau des IFRS / IAS Regelwerks

Das Regelwerk des IASB hat einen dreistufigen Aufbau:

- Stufe 1: die Einzelstandards (IFRS / IAS), von denen IAS 1 Ausweis- und Gliederungsfragen behandelt und IAS 2 bis 41 und IFRS 1 ff. Einzelfragen der Rechnungslegung,

- Stufe 2: Interpretationen des International Financial Reporting Interpretations Committee zu den IAS / IFRS (IFRIC, früher SIC),

- Stufe 3: ein Framework, in dem Ziele und Anforderungen der Rechnungslegung beschrieben sowie die Elemente der Rechnungslegung (insbesondere Aktiva, Passiva, Erträge und Aufwendungen) definiert werden.

Hierbei gehen die IFRS / IAS und die IFRIC / SIC als speziellere Regelungen im Konfliktfall dem Framework vor (Quelle: Lüdenbach, IAS / IFRS, 6. Aufl., 2010, Freiburg i.Br.).

(Quelle: Buchholz, Internationale Rechnungslegung, 2. Aufl. 2001, Bielefeld)

Viele neuere Standards beinhalten auch ergänzende Dokumente wie die Grundlage für Schlussfolgerungen (Basis for Conclusion), Anwendungsleitlinien (Implementation Guidances) und/oder erläuternde Beispiele (Illustrative Examples). Diese Dokumente sind zwar kein offizieller Bestandteil der Standards, können aber zur Auslegung der entsprechenden Standards hinzugezogen werden.

Wie entstehen die Standarts?

Für den Entwurf neuer IFRS und die Revision eines bestehenden IAS bzw. IFRS ist ein formalisiertes Verfahren, der *standard setting process* oder *due process*, vorgesehen, in dem die interessierte Fachöffentlichkeit Gelegenheit zur Stellungnahme hat.

Am Anfang dieses Standardisierungsprozesses steht als Diskussionspapier ein Draft Statement of Principles. Dieses Diskussionspapier steht mindestens vier Monate zur öffentlichen Diskussion. Die interessierte Fachöffentlichkeit hat dann Gelegenheit, dieses Papier in einem *comment letter* zu kommentieren.

Anschließend folgt auf Basis der eingegangenen Stellungnahmen ein Entwurf des späteren Standards (Exposure Draft), der wiederum zur Kommentierung veröffentlicht wird. Nach Auswertung und Prüfung der zu dem Exposure Draft eingegangenen Stellungnahmen erfolgt dann die Verabschiedung des endgültigen Standards. Gegebenenfalls erfolgt bei sehr starken Einwendungen teilweise eine überarbeitete Entwurfsfassung (*re-exposure*), bevor der endgültige Standard verabschiedet wird (Quelle: Lüdenbach, IAS / IFRS, 6. Aufl., 2010, Freiburg i.Br.).

Überblick über die wichtigsten Unterschiede zwischen HGB (BilMoG), IFRS und IFRS for SMEs

	HGB	IFRS	IFRS for SMEs
Grundlagen			
Normensetzende Instanz	• nationaler Gesetzgeber • oberste Gerichte (BFH; BGH)	• internationale private Rechnungslegungs-institution (IASB) • EU im Rahmen des *endorsements*	siehe IFRS
Rechnungslegungsziele	• Informationsfunktion, Steuerbemessungs-funktion sowie Aus-schüttungsbemessung • Gläubigerschutz	Vermittlung von Informatio-nen für Investoren *(decision usefulness)*	siehe IFRS
Dominierender Rech-nungslegungsgrundsatz	Vorsichtsprinzip (Konkreti-sierung durch Realisations-und Imparitätsprinzip)	*accrual principle* (perioden-gerechte Gewinnermittlung)	siehe IFRS
Verbindung von Handels- und Steuerbilanz	Prinzip der Maßgeblichkeit	keine	siehe IFRS
Bestandteile des Abschlusses	Einzelabschluss: Bilanz, GuV, Anhang und größenabhängig - bzw. ob am Kapitalmarkt gehandelt - ein Lagebericht Konzernabschluss zusätzlich: Kapitalflussrechnung, Eigen-kapitalspiegel und (Wahl-recht) Segmentbericht	Bilanz, Gesamtergebnis-rechnung, Eigenkapitalspie-gel, Anhang, Kapitalfluss-rechnung und ggf. ein Seg-mentbericht sowie einen nach deutschen Rech-nungslegungsgrundsätzen aufzustellenden Lagebericht (§ 315a HGB)	Im Allgemeinen ähnlich zu IFRS, jedoch mit möglichen Einschränkungen
Immaterielle Vermögensgegenstände			
Aktivierung von selbst erstellten immateriellen Vermögensgegenständen (i.H.d. Entwicklungskos-ten)	Wahlrecht, Verbot sofern Forschungs- und Entwick-lungskosten sich nicht von-einander trennen lassen; Ausschüttungssperre i.H.d. aktivierten selbst geschaffe-nen immateriellen Vermö-gensgegenstände des Anla-gevermögens	Pflicht, sofern bestimmte Kriterien erfüllt sind, sonst Verbot	Verbot
Abschreibung Geschäfts- oder Firmenwertes	planmäßige Abschreibung (i.d.R. über fünf Jahre)	*Impairment only approach* (jährliche Prüfung auf Wertminderung)	planmäßige Abschreibung, wenn Nutzungsdauer nicht bestimmbar über zehn Jahre

	HGB	IFRS	IFRS for SMEs
Sonstiges Anlagevermögen			
Neubewertung oberhalb der (fortgeführten) AHK	Verbot beim Anlagevermögen	zulässig	keine Neubewertung zulässig
Finanzierungsleasing	Zurechnung beim Leasingnehmer i.H.d. AHK des Leasinggebers	Zurechnung beim Leasingnehmer zum niedrigeren Wert aus Fair Value des Leasinggegenstands oder dem Barwert der Mindestleasingzahlungen	siehe IFRS
Zur Veräußerung gehaltene langfristige Vermögenswerte	keine expliziten Regelungen	bei Erfüllung bestimmter Kriterien Bewertung zum niedrigeren Wert von Buchwert und Fair Value abzgl. Verkaufskosten; gesonderter Ausweis in der Bilanz	allgemeine Regeln greifen; Verkaufsabsicht führt zu Wertminderungstest
Umlaufvermögen			
Vorräte	Bewertung zu AHK oder niedrigeren Wert; FIFO, LIFO und Durchschnittsmethode zulässig	niedrigeren Wert aus AHK und Nettoveräußerungswert zu bewerten; ausschließlich FIFO und Durchschnittsmethode zulässig	siehe IFRS; außer Bewertung, niedrigeren Wert aus AHK und Verkaufspreis abzgl. Verkaufs- und Fertigstellungskosten
Langfristige Fertigungsaufträge	*completed contract method*; Teilgewinnvereinnahmung verboten (Realisationsprinzip)	*percentage of completion method*, sofern verlässliche Schätzungen vorliegen	siehe IFRS
Rückstellungen			
Ansatz von Rückstellungen	Rückstellungsbildung auch unterhalb einer Wahrscheinlichkeit von 50% möglich	Mindestwahrscheinlichkeit für die Inanspruchnahme i.H.v. 51% muss gegeben sein	siehe IFRS
Bewertung von Rückstellungen	mit dem nach vernünftiger kaufmännischer Beurteilung notwendigen Erfüllungsbetrag; Abzinsung von Rückstellungen mit einer Restlaufzeit von mehr als einem Jahr mit dem durchschnittlichen Marktzinssatz der vergangenen sieben Geschäftsjahre	wahrscheinlichster Wert der Inanspruchnahme und Abzinsung auf Grundlage eines Marktzinses zum Stichtag, sofern Zinseffekt wesentlich	siehe IFRS

	HGB	IFRS	IFRS for SMEs
Aufwandsrückstellungen	Verbot, mit den in §249 Abs. 1 HGB genannten Ausnahmen	Verbot	siehe IFRS
Pensionsrückstellungen	sofortige und gänzliche sowie ergebniswirksame Berücksichtigung von Zu- und Abführungen; verwendete Methoden Teilwertverfahren und Projected Unit Credit Method (PUCM); Abzinsung kann auch pauschal über 15 Jahre erfolgen	versicherungsmathematische Gewinne und Verluste können ergebniswirksam (teilweise verzögert oder sofort gänzlich) oder ergebnisneutral (sofort gänzlich) erfasst werden (bald nur noch ergebnisneutral); einzig zulässige Bewertungsmethode ist PUCM	ähnlich wie IFRS
Latente Steuern			
Aktivierung aktiver latenter Steuern	Wahlrecht zur Erfassung eines aktiven Überhangs	Pflicht	siehe IFRS
Saldierung von passiven und aktiven latenten Steuern	Wahlrecht	Pflicht, sofern Voraussetzungen erfüllt	siehe IFRS
Sonstiges			
Aktivierung von Finanzierungskosten	Wahlrecht	Pflicht, sofern es sich um qualifizierte Vermögenswerte handelt und die Kosten direkt zurechenbar sind	Verbot
Segmentberichterstattung	Wahlrecht im Konzernabschluss	Pflicht für kapitalmarktorientierte Unternehmen	keine Regelungen
Earnings per Share	keine speziellen Regelungen	Angaben zu *earnings per share* sind zu machen, sofern die Aktien öffentlich gehandelt werden	keine Regelungen

Bilanzierungsgrundsätze –
Die golden Bilanzregel

Die goldene Bilanzregel besagt, dass das langfristige Vermögen auch langfristig finanziert sein soll. Kurzfristiges Vermögen (Umlaufvermögen) kann auch kurzfristig finanziert sein.

Ist das Verhältnis von Eigenkapital zum Anlagevermögen also gleich oder größer als 1, so ist das langfristige Vermögen eines Unternehmens (Anlagevermögen) langfristig finanziert und die Fristenkongruenz zwischen Mittelherkunft und Mittelverwendung wird eingehalten.

Berechnung :

$$enge\ Fassung = \frac{Eigenkapital}{Anlagevermögen}$$

$$erweiterte\ Fassung = \frac{Eigenkapital + langfr.\ Fremdkapital}{Anlagevermögen}$$

$$weite\ Fassung = \frac{Eigenkapital + langfr.\ Fremdkapital}{Anlagevermögen + Vorräte}$$

Anmerkungen:

Als Zielwert kann 1 angenommen werden, aber in der Regel werden branchentypische Werte zum Vergleich genommen. Die drei

Auffassungen der goldenen Bilanzregel entsprechenden Deckungsgraden I-III.

Bilanzfälschung und -manipulation

Bilanzfälschung und Bilanzverschleierung

Die **Bilanzfälschung** bzw. Bilanzmanipulation umfasst simplifiziert formuliert die bewusst falsche Wiedergabe tatsächlicher, wirtschaftlich relevanter Unternehmenszahlen. Sie stellen nach deutschem Strafrecht Straftaten dar, welche der Wirtschaftskriminalität zugeordnet wird.

Hingegen werden bei der **Bilanzverschleierung** Umstände derart verklausuliert wiedergegeben, dass tatsächliche, wirtschaftlich relevante Gegebenheiten des Unternehmens nicht mehr zu erkennen sind.

Die Bilanzfälschung respektive Bilanzverschleierung dient in erster Linie der illegalen "Schönfärberei" des wirtschaftlichen status quo eines Unternehmens aus verschiedensten Beweggründen heraus.

Geht es etwa um die Erlangung eines Steuervorteiles oder Kredites, oder wird eine Fusion, Übernahme oder der Verkauf eines Unternehmens beabsichtigt, so ist die nach außen gerichtete geschönte Darstellung der Unternehmenswerte geeignet, höchstmögliche Gewinne zu Gunsten des bzw. der Delinquenten zu erzielen.

Falsche Darstellungen

Wenn von Bilanzfälschung oder -verschleierung bei Kapitalgesellschaften gesprochen wird, dann ist § 331 Handelsgesetzbuch (HGB) die zentrale Norm außerhalb des Strafgesetzbuches (StGB) zur Beurteilung unrichtiger bzw. unklarer Darstellungen.

Zu den in § 331 HGB angesprochenen Darstellungen zählen u.a.

- die Eröffnungsbilanz, gem. § 242 I HGB
- die Bilanz, gem. § 242 I HGB
- die Gewinn- und Verlustrechnung, § 242 II HGB
- der Anhang, 264 I HGB
- der Lagebericht, § 289 HGB
- etc..

Aufklärungspflichten

Ob im Einzelfall der Verdacht einer strafbewährten Bilanzfälschung oder Bilanzverschleierung begründet ist, lässt sich nur in akribischer Kleinarbeit durch Spezialisten, insbesondere durch Wirtschaftsprüfer und Wirtschaftsdetekteien klären.

Glossar

A

Abschreibungen

Die Abschreibungen umfassen die Wertminderungen von Vermögensgegenständen, die durch die Nutzung und Alterung eintreten. Sie mindern den Wert des Gegenstandes und sind als Aufwand in der Gewinn- und Verlustrechnung zu verrechnen. Der Wertverlust von Gebäuden, Maschinen, Fahrzeugen und Büroeinrichtungen wird über den Zeitraum voraussichtlichen Lebensdauer verteilt. Abschreibungen sind in der Handels- und Steuerbilanz als auch in der Kostenrechnung zu erfassen.

Abschreibungsverfahren

Zur Durchführung der Abschreibung gibt es verschiedene Abschreibungsverfahren. Die lineare Abschreibung meint eine jährliche Abschreibung von konstanten Beträgen. Hier wird der Wert des Anlagegutes abzüglich seines Restwertes gleichmäßig am Ende der Nutzungsperiode auf die Periode verteilt. Bei der degressiven Abschreibung sinken die Abschreibungsbeträge von Nutzungsperiode zu Nutzungsperiode, da immer ein bestimmter Prozentsatz vom Restwert abgeschrieben wird.

Hingegen wird bei der linearen Abschreibung immer der gleiche, anfangs festgelegte Betrag vom Anschaffungswert abgeschrieben. Das degressive Abschreibungsverfahren ist nach dem Steuerrecht bei allen Wirtschaftsgütern erlaubt. Sie kann als geometrisch-degressive Abschreibung angewandt werden. Der Abschreibungswert wird wie bei der linearen Abschreibung ermittelt, jedoch wird vom jeweiligen Buchwert ausgegangen.

Weiterhin kann die Abschreibung arithmetisch-degressiv sein. Dann fallen die Abschreibungsbeträge in gleichen Zeitabständen. Ein weiteres Abschreibungsverfahren ist die progressive Abschreibung. Die Abschreibungsbeträge steigen jährlich. Die Berechnung der Beträge erfolgt umgekehrt zur degressiven Abschreibung. Dieses Verfahren wird kaum angewandt, da es selten dem tatsächlichen Wertverzehr entspricht.

Agio

Agio ist das Aufgeld bzw. der Aufschlag beim Handel mit Wertpapieren, in Devisen- oder Sortengeschäften und im Kreditgeschäft.

Aktiva

Als Aktiva werden die Bilanzpositionen der linken Seite der Bilanz bezeichnet. Sie gliedern sich in Anlage-, Umlaufvermögen und Rechnungsabgrenzungsposten.

Anhang

Kapitalgesellschaften müssen den Jahresabschluss, insofern sie keine Ausnahme nach dem BilMoG darstellt, um einen Anhang erweitern. In ihm sind die einzelnen Jahresabschlussposten der Bilanz und der GuV detaillierter erläutert, ebenso sind Verhältnisse, die nicht aus der Bilanz oder G&V direkt ersichtlich sind, anzugeben, wie z.B. Haftungsverhältnisse oder nicht in Anspruch genommene Bürgschaften, oder gegebene Patronatserklärungen.

Anlagenintensität

Die Anlagenintensität wird auch als Anlagenquote bezeichnet. Sie ist eine Bilanzkennzahl des Unternehmens. Die Kennzahlen sind in der Regel Verhältniskennzahlen (Angabe in Prozent), die zur Analyse der Ertragslage (Rentabilität), der Vermögenslage (Vermögensstruktur) und der Finanzlage (Kapitalstruktur und Liquidität) des jeweiligen Betriebes dienen. Die Anlagenquote hilft unter Anderem dabei, die Finanzlage des Unternehmens zu ermitteln.

Anlagevermögen

Teile des Vermögens einer Unternehmung, die nicht zur Veräußerung bestimmt sind (irrige Bezeichnung: Anlagekapital). Die Er-
haltung, Reparatur und Ersatzbeschaffung von Gegenständen des
Anlagevermögens ist Aufgabe der Anlagenwirtschaft.

Annuität
Die Annuität ist der durchschnittlicher erzielte Gewinn einer Investition in einem Unternehmen.

Anschaffungskosten
Anschaffungskosten sind Aufwendungen (Kosten), die geleistet
werden, um einen Vermögensgegenstand zu erwerben und ihn in
einen betriebsbereiten Zustand zu versetzen, soweit sie dem Vermögensgegenstand einzeln zugeordnet werden können (§ 255 I
HGB).

Anzahlungen
Hierbei handelt es sich um Vorleistungen eines Vertragspartners.

Assoziierte Unternehmen
Bei Unternehmensbeteiligungen zwischen 20 und 50% spricht
man von assoziierten Unternehmen.

Aufwand/Aufwendungen
Unter Aufwand versteht man den Verbrauch aller Güter und
Dienstleistungen in einer bestimmten Periode.
Aufwand ist ein Begriff der Finanzbuchführung. Kosten ist ein
Begriff der Kalkulation.

Aufwand, außerordentlich

Außerordentliche Aufwendungen sind Aufwendungen, die außerhalb der gewöhnlichen Geschäftstätigkeiten oder in außergewöhnlicher Höhe anfallen. Beispiele hierfür sind hohe Verluste aus dem Verkauf von Immobilien oder Kosten, die durch Schäden entstehen.

Aufwand, betriebsfremd

Betriebsfremder Aufwand ist Aufwand, der unabhängig von der betrieblichen Tätigkeit erbracht wird, der unabhängig vom Betriebszweck ist. Beispiele für betriebsfremde Aufwendungen in einem Industriebetrieb sind Abschreibungen auf Finanzanlagen oder Aufwendungen für Personal, das die Finanzgeschäfte betreibt. Betriebsfremde Aufwendungen sind z.B.

- Zinsaufwendungen

- Abschreibungen auf Finanzanlagen.
  Die gesetzlich vorgeschriebene Abschreibung ist betriebsfremder Aufwand. In der Abgrenzungsrechnung wird sie als kosten- und leistungsrechnerische Korrektur gegen die kalkulatorische Abschreibung verrechnet.

- Verluste aus dem Abgang von Finanzanlagen

- Verluste aus dem Abgang von Wertpapieren (des Umlaufsvermögens)

- Gewerbesteuer

- Versicherungen

- außerordentliche Aufwendungen (Selbstbeteiligung an Kfz-Versicherung)

Aufwand, periodenfremd

Periodenfremde Aufwendungen sind Aufwendungen, die von Aktivitäten vorausgehender Perioden verursacht wurden. Beispiele für periodenfremde Aufwendungen sind Nachzahlungen für Gewerbesteuer, Prozesskosten.

Ausgaben

Ausgaben sind der Abfluss liquider Mittel plus Forderungsab-
gänge und Schuldenzugänge.

Auswertung von Bilanzen

Die Auswertung von Bilanzen spielt eine wichtige Rolle, wenn Unternehmen beurteilt werden, insbesondere bei der Kreditgewäh-
rung, der Sanierung, dem Kauf oder der Fusion. Unter Bilanzanalyse (auch Bilanzauswertung, Bilanzzergliederung) versteht man
die Beurteilung eines Unternehmens anhand der Bilanz bzw. des
Jahresabschlusses. Es werden die Bilanz, die Gewinn- und Verlustrechnung, der Anhang und eventuell auch der Lagebericht ausge-
wertet. Bilanzkennzahlen zeigen die Anlagenintensität, die Kapitalstruktur, die Finanzierung und die Liquidität. Die Gegenüberstellung einzelner Bilanzpositionen im Rahmen der Bilanzanalyse
ermöglicht einen Einblick in die wirtschaftliche Lage des Unternehmens.

Man spricht von externer Bilanzanalyse, wenn Außenstehende -
also z. B. Banken, Aktionäre, Lieferanten, Kunden - ein Unternehmen aufgrund der Zahlen der Bilanz und der Gewinn- und
Verlustrechnung prüfen und beurteilen. Die Analyse durch Mitarbeiter des Unternehmens nennt man interne Bilanzanalyse. Dieser
Personenkreis kennt die Bewertungspolitik, weiß also, ob im
Zweifelsfalle die Vermögensverhältnisse und die Ertragslage zu
günstig oder zu ungünstig dargestellt wurden.

Außerordentliches Ergebnis

Das Außerordentliche Ergebnis ist die Differenz der von einem
Unternehmen erwirtschafteten Außerordentlichen Erträgen und
Außerordentlichen Aufwendungen in einem Geschäftsjahr. Außerordentliche Aufwendungen, sind solche, die nicht in die gewöhnli-
che Geschäftätigkeit des Unternehmens fallen und normaler-
weise einmalig sind, beispielsweise Schäden durch Naturkatastro-
phen, Kosten durch einen Börsengang oder Gerichtskosten. Auch

der andere Teil vom Außerordentlichen Ergebnis, die Außerordentlichen Erträge fallen nicht in die normale Geschäftstätigkeit des Unternehmens. Beispiele dafür sind Zuschüsse aus öffentlicher Hand oder der Verkauf von Unternehmensbeteiligungen. Das Außerordentliche Ergebnis wird in der Gewinn- und Verlustrechnung ausgewiesen. Außerdem ist das Außerordentliche Ergebnis nach HGB § 277 Abs. 4 im Anhang der Bilanz genau zu erläutern.

B

BAB, einstufig (einfacher BAB)
Beim einstufigen BAB werden die Gemeinkosten nur auf Hauptkostenstellen (wie z.B. Fertigung, Material, Verwaltung und Vertrieb) verteilt.

Barwert
Bei dem Barwert handelt es sich um einen Gegenwartswert einer zukünftigen Zahlung

Berichtsjahr
Als Berichtsjahr bezeichnet man das Geschäfts- oder Wirtschaftsjahr.

Beteiligung
Unter einer Beteiligung versteht man den Besitz von Anteilen an einer Gesellschaft, wie z.B. von Rechten, Geld- oder Sacheinlagen. Mit Hilfe der Beteiligungsfinanzierung, welche eine Form der Eigenfinanzierung darstellt, kann eine Beteiligung erworben werden. Die Beteiligung stellt somit eine Außenfinanzierung einer Unternehmung über Eigenkapital dar.

§ 271 HGB regelt und definiert den Begriff Beteiligungen aus rechtlicher Sicht.

Die Möglichkeiten und Merkmale der Einlage, wie z.b. die Frage der Haftung, Rechtsgrundlage oder Mitsprache unterscheiden sich grundlegend von der Rechtsform der jeweiligen Unternehmung.

Betriebsabrechnungsbogen (BAB)

Der Betriebsabrechnungsbogen (BAB) sammelt die Kosten (Gemeinkosten der Kostenartenrechnung) und verteilt sie auf die im Betrieb vorhandenen Kostenstellen (Abteilungen). Im Betriebsabrechnungsbogen werden die Gemeinkosten der Kosten- und Leistungsrechnung entweder nur auf die Hauptkostenstellen verteilt (einstufiger BAB) oder auf die Hauptkostenstellen sowie zusätzlich auf die allgemeinen Kostenstellen (mehrstufiger BAB)

Die wichtigsten Aufgaben des BAB sind:
Ermittlung der Kosten jeder Kostenstelle (absolut und prozentual), Vergleich der Kosten jeder Kostenstelle im Zeitablauf (Kostenkontrolle), Grundlage für die Berechnung von Handlungskostenzuschlägen für die einzelnen Kostenträger (Kostenträgerrechnung).

Betriebsergebnis

Das Betriebsergebnis ist die Differenz zwischen Kosten und Leistungen, es wird durch die Kosten- und Leistungsrechnung ermittelt.

Betriebsfremder Aufwand: siehe Aufwand

Betriebsfremder Ertrag: siehe Ertrag

Betriebs- und Geschäftsausstattung

Die Betriebs- und Geschäftsausstattung, kurz BGA, ist ein Teil des Anlagevermögens. Unter der BGA werden Wirtschaftsgüter erfasst, die dem Betrieb länger als ein Jahr dienen. Die Betriebs- und Geschäftsausstattung soll das Unternehmen in einen betriebsbereiten Zustand versetzen und halten. Der Werteverlust der BGA wird durch Abschreibung ermittelt. Ausstattungen, die während der Produktion verbraucht wird, zählen nicht zur Betriebsausstattung sondern zu den Verbrauchsmaterialien.

Bewertung

Verfahren zur Bestimmung des Werts von Gütern oder Handlungsalternativen. Die Höhe des Wertansatzes richtet sich nach dem Zweck oder Anlass der Bewertung.

Bewertungsgrundsätze

Im HGB und im Steuerrecht gibt es Bewertungsansätze, die den Bilanzierenden informieren, mit welchen Wertansätzen er Vermögensgegenstände und Schulden in der Bilanz ausweisen darf.

Der Jahresabschluss soll nach Handelsrecht dem Gläubiger eines Unternehmens einen Einblick in die Vermögens-, Ertrags- und Finanzlagen geben. Eine niedrige Bewertung des Vermögens dient dem Schutze des Gläubigers, da Vermögenssubstanz nicht besser dargestellt ist, wie diese tatsächlich ist. Die steuerlichen Bewertungsvorschriften sind aus dem Handelsrecht abgeleitet.

Bewertungswahlrecht

Diese bilanziellen Entscheidungsbereiche werden von den existierenden Rechnungslegungsvorschriften nicht in allen Fällen verbindlich geregelt; vielmehr enthalten die gesetzlichen bzw. normativen Vorschriften Bilanzierungs-, Bewertungs- und Gliederungswahlrechte, die der Bilanzierende zur formellen und materiellen Gestaltung des Jahresabschlusses einsetzen kann. Gesetzliche bzw. normative (offene) Wahlrechte bestehen immer dann, „ wenn an einen gegebenen Tatbestand mindestens zwei eindeutig bestimmte Rechtsfolgen anknüpfen, die sich gegenseitig ausschließen, und der zur Rechnungslegung Verpflichtete entscheidet, welche von ihnen eintritt " (Bauer, J. 1981, S.66).

Bezugskalkulation

Bei der Bezugskalkulation (Einkaufskalkulation) wird unter Berücksichtigung von Tara, Gutgewicht, Rabatt, Skonto, Einkaufskosten und Bezugskosten der Bezugspreis (Einstandspreis, Wareneinsatz) ermittelt.

Bezugsrecht

Hierbei handelt es sich um ein gesetzlich verbrieftes Recht eines Aktionärs auf den Bezug von Neuaktien, welches bei einer regulären Kapitalerhöhung von Bedeutung ist.

Bilanz

Die Bilanz ist eine Gegenüberstellung des Vermögens (Aktiva) und des Kapitals (Passiva).

Bilanzanalyse

Die Bilanzanalyse ist die Auswertung des Jahresabschlusses und des Lageberichts.

Bilanzänderungen

Handelsrechtlich können sich Änderungen von Bilanzen nachträglich als zweckmäßig erweisen, weil eine andere Ausübung von Aktivierungs-, Passivierungs- und Bewertungswahlrechten den Zielen des Bilanzierenden besser entspräche. Derartige Änderungen sind zwar nicht gesetzlich geregelt, nach herrschender Meinung aber möglich, soweit nicht Rechte Dritter oder die Grundsätze ordnungsmäßiger Buchführung (GoB) verletzt werden. Steuerrechtlich sind nach Einreichung der Bilanz nur dann Bilanzänderung möglich, wenn die Auswirkungen einer notwendigen Bilanzberichtigung kompensierend wirkt. Voraussetzung ist allerdings, dass die Bilanzänderung in engem zeitlichem und sachlichem Zusammenhang mit der Bilanzberichtigung vorgenommen wird.

Bilanzfälschung

Eine Bilanzfälschung ist die bewusste falsche Gestaltung des Jahresabschlusses durch Missachtung von Bilanzierungs- und Bewertungsvorschriften. Sie stellt eine Straftat dar.

Bilanzgewinn

    Jahresüberschuss

\+   Gewinnvortrag

\+   Entnahme aus den Rücklagen

\-   Verlustvortrag

<u>\-   Einstellung in die Rücklagen</u>

\=   Bilanzgewinn

Bilanzkennzahlen

Bilanzkennzahlen sollen im Rahmen der Bilanzanalyse einen Einblick in die Vermögens-, Finanz- und Ertragslage eines Unternehmens gewähren. Bilanzkennzahlen werden vom Unternehmen selbst, aber auch von Banken, Gläubigern, Investoren und Analysten berechnet und für Entscheidungen genutzt.

Bilanzmanipulation

Bilanzmanipulation meint illegale Maßnahmen (hauptsächlich in Form von Scheingeschäften), die dem Zweck dienen, Jahresabschluss und Lagebericht durch Ausschaltung des internen Kontrollsystems so zu gestalten, damit Ziele von einem unter Erfolgsdruck stehenden Management unter allen Umständen erreicht werden.

Bilanzpolitik

Unter den Begriff der Bilanzpolitik fallen alle gesetzlich rechtmäßigen Maßnahmen, die der Bilanzierende innerhalb des Jahresabschlusses und Lageberichts ergreift, um die Informationen über die Vermögens-, Finanz- und Ertragslage des Unternehmens inhaltlich und/oder formal so zu gestalten, dass bei den Adressaten bestimmte Reaktionen hervorgerufen bzw. vermieden werden.

Bilanzstichtag

Der Bilanzstichtag ist der letzte Kalendertag des Geschäftsjahres. Zu diesem Zeitpunkt werden alle Konten abgeschlossen. Vorher werden verschiedene Bewertungen vorgenommen, etwa durch Abschreibungen auf Sachanlagen und/oder Forderungen, Bewertung der Vorräte und so weiter.

Außerdem sind zu diesem Termin die Verbrauchsmengen der Inventur festzustellen und periodengerechte Abgrenzungen vorzunehmen.

Break-Even-Menge

Als Break-Even-Menge bezeichnet man den kritischen Wert am Übergang von der Gewinn- in die Verlustzone. Bei dieser ist der Wert gleich Null.

Break-Even-Point

Er ist erreicht, wenn die Fixkosten durch den anhand von Verkäufen erzielten Deckungsbeitrag decken.

Buchführung

Als Buchführung bezeichnet man die in Zahlenwerten vorgenommene planmäßige, lückenlose, zeitliche und sachlich geordnete Aufzeichnung aller Geschäftsvorgänge in einer Unternehmung auf Grund von Belegen. Sie ist das zahlenmäßige Spiegelbild einer Unternehmung und wichtige Informationsquelle für den Unternehmer und dient außerdem dazu, den gesetzlich fixierten Informationsanforderungen von Behörden nachzukommen.
Diese Grundsätze sind in verschiedenen gesetzlichen Vorschriften enthalten, ergeben sich aber insgesamt aus der bewährten kaufmännischen Praxis. Sie lassen sich in den zwei Grundprinzipien „Wahrheit" und „Klarheit" zusammenfassen.

Wahrheit in der Buchführung bedeutet, dass alles so gebucht werden muss, wie es wirklich vorgefallen ist. Scheinbuchungen über Vorgänge, die nicht tatsächlich stattgefunden haben, sind verbotene Fälschungen.

Klarheit bedeutet, dass alles übersichtlich, eindeutig, lesbar, nachvollziehbar und geschützt vor Fälschungen sein muss.

Buchung

Eine Buchung ist die Eintragung eines Geschäftsvorfalls aufgrund eines Belegs in eines der Bücher einer Buchführung. Die Eintragungen können auch in elektronischer Form erfolgen.

C

Cash-Flow

Der Cashflow beziffert den Überschuss, der sich ergibt, wenn man von den Einnahmen die Ausgaben abzieht. Er lässt erkennen, in welchem Maße ein Unternehmen Finanzmittel aus eigener Kraft erwirtschaftet hat. Dies Kennzahl zeigt, wie stark das Unternehmen sich von innen heraus finanzieren kann (Innenfinanzierung), wie groß also das finanzielle Potenzial ist, das aus seiner erfolgreichen Tätigkeit in der Wirtschaft wächst

D

Debitoren

Als Debitor bezeichnet man im Rechnungswesen den Schuldner von Forderungen aus Lieferungen und Leistungen. Dabei handelt es sich um Lieferantenkredite oder sonstige Warenkredite aus der Geschäftsverbindung mit Kreditoren.

Debitorenlaufzeit

Die Debitorenlaufzeit wird aus dem durchschnittlichen Forderungsbestand und dem Zeitraum ermittelt, der zwischen der Rechnungs-erstellung und dem Zahlungseingang liegt. Es wird also bestimmt, wie lange es im Durchschnitt dauert, bis die Kunden (Debitoren) ihre Rechnung bezahlen.

Deckungsbeitrag
Deckungsbeitrag ist der Betrag, um den die Verkaufserlöse einer Warengruppe (Artikelgruppe) die variablen Kosten der Warengruppe übersteigen. Dieser Betrag dient der Deckung der fixen Kosten.

Deckungsbeitrag = Verkaufserlöse - variable Kosten.

Das Rechnen mit Deckungsbeiträgen dient als Entscheidungshilfe bei der Sortimentsgestaltung (Sortimentsbereinigung) und liefert die Daten für die kurzfristige (absolute) Preisuntergrenze (hier sind gerade noch die variablen Kosten gedeckt).

Deckungsbeitragsrechnung
Die Kostenträgerrechnung kann auch als Teilkostenrechnung (Deckungsbeitragsrechnung) durchgeführt werden. Die Deckungsbeitragsrechnung (Teilkostenrechnung) geht aus von der Einteilung der Kosten in variable (beschäftigungsabhängige) und fixe (beschäftigungsunabhängige) Kosten. Die variablen Kosten setzen sich zusammen aus den Einzelkosten (z.B. Einkaufspreis, Bezugskosten, Ausgangsfrachten) und den variablen Gemeinkosten (z.B. Lagerkosten, Transportkosten).

Differenzkalkulation
Mit der Differenzkalkulation (Gewinnkalkulation) ermittelt man den Gewinn bei gegebenem Verkaufspreis und gegebenen Zuschlagssätzen (Nachkalkulation mit Istzuschlägen). Vom Fertigungsmaterial bis zu den Selbstkosten wird vom Hundert vorwärts gerechnet. Vom Listenverkaufspreis bis zum Barverkaufspreis wird vom Hundert rückwärts gerechnet.

Disagio

Ein Disagio (auch Damnum oder Abgeld genannt) ist ein Abschlag vom Ausgangsbetrag (Nennwert), der bei Gewährung eines Kredites, Ausgabe von Wertpapieren oder Währungsgeschäften einbehalten wird. Bei Aktien und GmbH-Anteilen ist die Ausgabe unter Abzug eines Disagios unzulässig.

E

EBIT = Earnings before interest and taxes.

Hierbei handelt es sich um das Ergebnis vor Steuern und Zinsen. Diese Kennzahl zeigt das Betriebsergebnis unabhängig von regionalen Besteuerungen und unterschiedlichen Finanzierungsformen an. Dadurch kann diese Kennzahl zum internationalen Vergleich von Unternehmen herangezogen werden.

EBITDA

Durch EBITDA Earnings before interests, taxes, depreciation and amortisation (Ergebnis vor Zinsen, Steuern, und Abschreibungen auf Sachanlagen und immaterielle Vermögengegenstände) wird das Betriebsergebnis ohne Verzerrungen dargestellt.

Effektivzins

Es ist die Bezeichnung für den Zinssatz, der die tatsächlichen (jährlichen) Kosten eines Kredits ausdrückt.

Eigenkapital

Eigenkapital ist der Teil des Unternehmens, der tatsächlich den Unternehmenseigentürmern gehört. Es wird auch als Residualbetrag bezeichnet, da es genau dem Betrag entspricht, der nach Abzug aller Schulden (Fremdkapital) vom Vermögen übrig bleibt.

Neben Rückstellungen und Verbindlichkeiten bildet das Eigenkapital damit einen der Hauptbestandteile der Passiva in einer Bilanz.

Eigenkapitalquote

Die Eigenkapitalquote gibt an, wie hoch der Anteil des Eigenkapitals am Gesamtkapital ist. Je höher die Eigenkapitalquote, umso höher ist die finanzielle Stabilität des Unternehmens und die Unabhängigkeit gegenüber Fremdkapitalgebern. Banken bewerten daher die Bonität eines Unternehmens bei hoher Eigenkapitalquote höher.

Eigenkapitalrentabilität

Die Eigenkapitalrentabilität bezeichnet das Verhältnis zwischen dem Jahresüberschuss und dem Eigenkapital. Mit dieser Kennziffer wird errechnet, wie hoch die Verzinsung des Eigenkapitals in einer Periode war.

Eigenleistungen

Als Eigenleistung wird die Leistung eines Unternehmers bezeichnet, die für das eigene Unternehmen erbracht werden. Das erstellte Wirtschaftsgut ist nicht wie bei der Fremdleistung zur Veräußerung gedacht, sondern verbleibt im Unternehmen.

Einnahmen

Einnahmen sind der Zufluss von liquiden Mitteln plus Forderungszugänge und Schuldenabgänge.

Einzelkosten

Die Einzelkosten lassen sich schon bei der Erfassung unmittelbar einem bestimmten Erzeugnis (Kostenträger) zuordnen, z.B. Fertigungsmaterial.

Equity Methode

Die Equity-Methode ist ein Verfahren zur Bewertung von Beteiligungen im Jahresabschluss. In der Bundesrepublik Deutschland ist die Anwendung der Equity-Methode für den Einzelabschluss nicht erlaubt. Sie ist jedoch im Konzernabschluss gemäß §§ 311 f. HGB für assoziierte Unternehmungen und gemäß § 310 HGB für Gemeinschaftsunternehmungen, die nicht auf der Grundlage der Quotenkonsolidierung einbezogen werden, anzuwenden.

Erlöse

Als Erlöse bezeichnet man die mit den Absatzpreisen bewerteten Mengen abgesetzter Produkte innerhalb einer Rechnungsperiode. Damit entsprechen die Erlöse den nach der Realisierung im Zuge eines Verkaufs von Produkten mit Marktpreisen bewerteten Leistungen.

Ertrag
Unter Ertrag versteht man (überwiegend) das Ergebnis der betrieblichen Leistungserstellung, d. h. alle erfolgswirksamen Wertzuflüsse in ein Unternehmen während einer Abrechnungsperiode.

Erträge, unternehmensbezogen
Unternehmensbezogene Erträge haben mit der betrieblichen Tätigkeit unmittelbar nichts zu tun; sie müssen von den betrieblichen Erträgen abgegrenzt werden. Beispiele für unternehmensbezogene Erträge sind: Mieterträge, Erträge aus anderen Finanzanlagen, Zinserträge, Erträge aus Wertpapieren des Umlaufvermögen, außerordentliche Erträge.

Ertrag, betriebsfremd
Betriebsfremder Ertrag ist Ertrag, der unabhängig von der betrieblichen Tätigkeit erbracht wird, der unabhängig vom Betriebszweck ist. Beispiele für betriebsfremde Erträge in einem Industriebetrieb sind

- Mieterträge (Nebenerlöse aus Vermietung/ Verpachtung

- Zinserträge

- Erträge aus Wertpapieren (des Umlaufsvermögen)

- Erträge aus dem Abgang von Gegenständen des Anlagenvermögens

- außerordentliche Erträge.

F

Finanzanlagen

Anteile an verbundenen Unternehmen, langfristige Ausleihungen und Unternehmensbeteiligungen werden im Anlagevermögen unter Finanzanlagen erfasst.

Finanzierung

Die Finanzierung umfasst Maßnahmen der Mittelbeschaffung und -rückzahlung und damit der Gestaltung der Zahlungs-, Informations-, Kontroll- und Sicherungsbeziehungen zwischen Unternehmen und Kapitalgebern. Die Kapitalbeschaffung kann über die Eigenfinanzierung oder die Fremdfinanzierung erfolgen.

Firmenwert

Der Firmenwert, welcher auch als Geschäftswert oder Goodwill bezeichnet wird ist der Betrag, den ein Käufer bei Übernahme einer Unternehmung als Ganzes unter Berücksichtigung künftiger Ertragserwartungen über den Wert der einzelnen Vermögensgegenstände nach Abzug der Schulden (Substanzwert) hinaus zu zahlen bereit ist.

Fixe Kosten

Fixe Kosten sind von der Ausbringungsmenge unabhängig, d.h.

sie bleiben bei Produktionsschwankungen über längere Zeit hinweg konstant (z.b. vertraglich festgelegte Mieten und Gehälter, Abschreibungen auf Geschäftseinrichtungen).

Flüssige Mittel

Als flüssige Mittel bezeichnet man den Bestand an Geld- und Vermögenswerten, die bei Bedarf in Geld gewandelt werden können (Liquidität). Zu den flüssigen Mitteln gehören: Kassenbestände, Bank- und Postgiroguthaben, (diskontfähige) Wechsel, Schecks und (börsengängige) Wertpapiere.

Forderungen

Forderungen sind das Recht, Geld von einem Schuldner zu fordern. Sie entsteht demnach automatisch, sobald ein Schuldverhältnis zwischen Marktteilnehmern zustande kommt. Die Forderung kann jedoch auch durch Gesetzesvorschrift oder Vertrag entstehen. Oftmals spricht man von sogenannten offenen Forderungen, wenn sie vom Schuldner noch nicht wieder beglichen wurden und somit noch bestehen.

Unternehmen müssen bestehende Forderungen in ihrer Bilanz ausweisen. Dabei müssen diese entweder dem Anlagevermögen oder dem Umlaufvermögen zugeordnet werden. Eine Verrechnung mit existierenden Verbindlichkeiten ist bilanzrechtlich nicht zulässig.

Fremdkapital

Das Fremdkapital errechnet sich aus dem

Gesamtkapital – Eigenkapital – ($\frac{1}{2}$ x Sonderposten mit Rücklagenanteil).

Im Gegensatz zum Eigenkapital steht einem Unternehmen das Fremdkapital nur für begrenzte Zeit zur Verfügung. Bereitgestellt wird es von externen Quellen, wie z.B. Banken. Aufgegliedert wird es in kurz-, mittel- und langfristiges Fremdkapital. Das Fremdkapital beschreibt die Schulden einer Unternehmung, umfasst somit alle Positionen der Passivseite der Bilanz, die einen Anspruch gegen das Unternehmen haben.

Kurzfristiges Fremdkapital sind Verpflichtungen, die in weniger als einem Jahr fällig sind, z.B. Verbindlichkeiten aus Lieferung und Leistung und Bankkredite. Das mittelfristige Fremdkapital hat eine Fälligkeit von mehr als einem bis maximal fünf Jahren. Ab einer Fälligkeit von mehr als fünf Jahren wird das Fremdkapital als langfristiges Fremdkapital bezeichnet. Hierzu gehört z.B. die Pensionsrückstellung eines Unternehmens.

G

Gemeinkosten

Die Gemeinkosten können nicht unmittelbar einem Kostenträger belastet werden, da sie für den gesamten Betrieb entstehen. Beispiele sind allgemeine Verwaltungskosten, Abschreibungen, Mieten, Versicherungen, Energiekosten. Die Umlage der Gemeinkosten auf die einzelnen Kostenträger erfolgt mit Hilfe der Gemeinkostenzuschlagssätze.

Genehmigtes Kapital

Das genehmigtes Kapital ist eine Form der Kapitalerhöhung einer AG gem. § 202AktG. De Vorstand einer AG wird durch die Hauptversammlung ermächtigt, innerhalb von längstens fünf Jahren eine Kapitalerhöhung durch die Ausgabe neuer Aktien durchzuführen. Diese Ermächtigung erlaubt es dem Vorstand, den Zeitpunkt der Kapitalerhöhung auf die allgemeine Börsenlage und die konkrete Kapitalbedarfssituation abzustimmen. Der Nennbetrag des genehmigten Kapitals darf dabei die Hälfte des bisherigen Grundkapitals nicht überschreiten.

Über die Bedingungen der Aktienausgabe und den Inhalt der Aktienrechte entscheidet allein der Vorstand. Die Entscheidung des Vorstandes bedarf lediglich der Zustimmung des Aufsichtsrates. Aus dem genehmigten Kapital können auch Belegschaftsaktien ausgegeben werden. Mit Zustimmung des Aufsichtsrats der Bank kann das Bezugsrecht der Bankaktionäre ausgeschlossen werden.

Geringwertige Wirtschaftsgüter

Geringwertige Wirtschaftsgüter (GWG) im Sinne des § 6 Abs. 2 EStG sind seit dem 1. Januar 2010 Wirtschaftsgüter, welche zum
- Anlagevermögen gehören,
- deren Anschaffungskosten, Herstellungskosten oder einen Einlagewert von 1000 Euro netto nicht übersteigt,
- beweglich und abnutzbar sowie
- selbständig nutzbar sind.

Gesamtleistung

	Umsatzerlöse
+	Bestandserhöhung
-	Bestandsminderung
+	aktivierte Eigenleistungen
=	Gesamtleistung

Gesetzliche Rücklage

§ 150 AktG schreibt die Bildung einer gesetzlichen Rücklage vor, die zusammen mit der Kapitalrücklage 10% des Grundkapitals beträgt. In der Satzung kann auch ein höherer Wert als 10% vom Grundkapital für die Bildung einer gesetzlichen Rücklage genannt sein.

Bis diese 10 % (bzw. der höhere satzungsmäßige Prozentsatz) erreicht sind, müssen 5% des Jahresüberschusses der gesetzlichen Rücklage zugeführt werden.

Gewichtsspesen

Zu den Gewichtsspesen gehören Kosten, die sich auf das Gewicht einer Ware beziehen, z.B. Fracht, Rollgeld und Verladekosten.

Gewinn

Der Gewinn ist der positive Saldo zwischen Erträgen und Aufwendungen.

GuV –Gewinn- und Verlustrechnung

Die Gewinn und Verlustrechnung stellt die Erträge und Aufwendungen eines Unternehmens dar und ermittelt somit den unternehmerischen Erfolg (= Gewinn oder Verlust).

GuV-Konto

Das GuV-Konto ist ein Unterkonto des Eigenkapitalkontos.

Gewinnrücklagen

Gewinnrücklagen werden aus dem Gewinn eines Unternehmens (nach Abführung von Steuern) gebildet. Sie sind Teil des Eigenkapitals von Kapitalgesellschaften und werden auf der Passivseite einer Bilanz ausgewiesen.

Gezeichnetes Kapital

Der Begriff des Gezeichneten Kapitals findet im Handelsgesetzbuch (HGB) Anwendung. Er beschreibt das Grundkapital einer Kapitalgesellschaft. Gegenüber ihren Gläubigern ist die Haftung der Gesellschaft auf die Höhe des Gezeichneten Kapitals beschränkt.

Grundkapital

Das Grundkapital (auch als gezeichnetes Kapital oder Aktienkapital benannt) bezeichnet das Eigenkapital einer Aktiengesellschaft, welches in einzelnen Aktien vorhanden ist. Die Mindesthöhe des Grundkapitals ist derzeit auf 50.000 Euro festgesetzt. Die Summe des Nennwertes aller Aktien entspricht dieser Betragshöhe.

Grundsätze ordnungsgemäßer Buchführung (GoB)

Die GOB sind Regeln zur Buchführung, die sowohl aus Gesetzen, als auch aus Wissenschaft und Praxis abgeleitet werden. Beim Aufstellen des Jahresabschlusses sind die GoB zu befolgen (§243 I HGB).

H

Haben

Haben ist die rechte Seite eines Kontos.

Handelsbilanz

In der gesetzlich vorgeschriebenen Handelsbilanz werden die Vermögenswerte und Verbindlichkeiten eines Unternehmens, auf Basis handelsrechtlicher Vorschriften, einander gegenübergestellt und der wirtschaftliche Erfolg einer Zeitperiode (z.B. Geschäftsjahr) festgestellt. Somit erfüllt sie den Zweck, Dritten Aufschluss über die wirtschaftlichen Verhältnisse des Unternehmens zu geben.

Die Handelsbilanz bildet die Grundlage für die möglichst periodengerechte steuerliche Gewinnermittlung nach § 5 abs. 1 Einkommensteuergesetz (EStG) und §§7 ff. Körperschaftsteuergesetz (KStG) und das auszuweisende Betriebsvermögen als Basis für die Steuerbilanz dar.

Handelsspanne

Die Handelsspanne ist die Differenz zwischen dem Listenverkaufspreis und dem Bezugspreis in Prozent zum Listenverkaufspreis:

(Listenverkaufspreis - Bezugspreis) * 100 / Listenverkaufspreis.

Handlungskosten

Handlungskosten sind die gesamten Stückgemeinkosten einer Periode. Sie umfassen vor allem die Betriebsbereitschaftskosten wie Personal-, Raum- und Werbungskosten und Abschreibungen. Sie sind also fixe Kosten.

Herstellkosten

Herstellkosten sind die im Zusammenhang mit der Produktion eines Gutes anfallenden Kosten. Herstellkosten sind die Summe aus Material- und Fertigungskosten.

Herstellungskosten

Herstellungskosten sind die Aufwendungen, die durch den Verbrauch von Gütern und die Inanspruchnahme von Diensten für die Herstellung eines Vermögensgegenstands, seine Erweiterung oder für eine über seinen ursprünglichen Zustand hinausgehende wesentliche Verbesserung entstehen. Dazu gehören die Materialkosten, die Fertigungskosten und die Sonderkosten der Fertigung.

Hilfskostenstelle

Hilfskostenstellen sind Bereiche, in denen Leistungen für sämtliche oder zumindest mehrere Unternehmensbereiche erbracht werden. Beispiele sind Empfang, Sozialräume, wie Kantine, oder Leasingfahrzeuge. Sie dienen nur mittelbar dem Herstellung oder dem Verkauf von Erzeugnissen.

I

Immaterielle Vermögensgegenstände des Anlagevermögens

Unter dem Begriff des „immaterielle Vermögensgegenstände" werden in der Buchführung und Bilanzierung gewerbliche Schutzrechte (z.B. Patente, Lizenzen, Konzessionen) und Software verstanden, d.h. es handelt sich um einzeln veräußerungsfähige Vermögenswerte ohne physische Substanz. Gleichermaßen werden auf den Erwerb eines immateriellen Vermögensgegenstands gerichtete geleistete Anzahlungen dem immateriellen Vermögen subsumiert.

Imparitätsprinzip

Das Imparitätsprinzip ist ein allgemeingültiger Grundsatz bei der Festsetzung von Vermögens- und Schuldwerten in der Bilanz.

Innenfinanzierung

Als Innenfinanzierung bezeichnet man Formen der Unternehmensfinanzierung bzw. Kapitalbereitstellung, die ohne die Inanspruchnahme externer Kapitalgeber von statten geht.

Bei der Innenfinanzierung wird – im Gegensatz zur Außenfinanzierung – kein Kapital von außen zugeführt.

Die Innenfinanzierung kann als Eigenfinanzierung (z.b. durch Gewinnthesaurierung) oder als Fremdfinanzierung (z.b. Finanzierung aus Rückstellungen) durchgeführt werden.

Interner Zinsfuß

Der interne Zinsfuß bezeichnet den Zinssatz, der beim Abzinsen der Überschüsse zu einem Kapitalwert von Null führt.

Inventar

Das Inventar ist ein unabhängig von der Buchführung erstelltes vollständiges, detailliertes, mengen- und wertmäßiges Verzeichnis aller Vermögensgegenstände und Schulden zu einem bestimmten Stichtag.

Inventur

Eine Inventur ist die körperliche oder buchmäßige Bestandsaufnahme aller Vermögensgegenstände und Schulden eines Unternehmens, die in der Bilanz dem Grunde nach angesetzt werden müssen oder können.

Investitionen

Investition ist ein Zahlungsvorgang, der mit einer Auszahlung beginnt und spätere Einzahlungsüberschüsse erwarten lässt.

J

Jahresabschluss

Im Handelsgesetzbuch – kurz HGB – ist verankert, dass alle juristischen Kaufleute im Sinne des HGB einen Jahresabschluss anfertigen müssen. Dieser beinhaltet die Bilanz und die sogenannte Gewinn- und Verlustrechnung des abgelaufenen Geschäftsjahres.

Der Jahresabschluss muss einen detaillierten Überblick über die wirtschaftliche Lage des betreffenden Unternehmens geben und somit lückenlos sein. So müssen zum Beispiel sämtliche Vermögenswerte sowie Schulden und Aufwendungen und Erträge ersichtlich sein.

Da das Rechnungswesen des Betriebes in aller Regel die Grundlage für den Jahresabschluss bildet, kann der Jahresabschluss auch als jährliche Zusammenfassung bzw. jährliches Gesamtergebnis der Buchführung eines Unternehmens gesehen werden.

K

Kalkulationsfaktor
Der Kalkulationsfaktor ist das Verhältnis des Listenverkaufspreises zum Bezugspreis: Listenverkaufspreis/Bezugspreis

Kalkulationszuschlag
Der Kalkulationszuschlag ist die Differenz zwischen dem Listenverkaufspreis und dem Bezugspreis in Prozent zum Bezugspreis: (Listenverkaufspreis - Bezugspreis) * 100 / Bezugspreis.

Kalkulatorische Kosten
Kalkulatorische Kosten sind Kosten, welche neben den Grund-

kosten(der Geschäftsbuchführung) in der Kalkulation als Zusatz-kosten und Anderskosten verrechnet werden. Durch die Berück-sichtigung dieser Kosten wird die Kalkulation genauer.

Kalkulatorische Zinsen

Die kalkulatorische Zinsen werden vom betriebsnotwendigen Kapital (betriebsnotwendiges Eigen- und Fremdkapital) berechnet; es handelt sich hierbei um das Kapital, das zur Erreichung der Betriebsziele notwendig ist.

Kalkulatorische Abschreibung

Die kalkulatorische Abschreibung berücksichtigt die tatsächliche Wertminderung; sie findet Anwendung in der Kosten- und Leistungsrechnung. Um die betriebliche Substanz zu erhalten, kann von den (höheren) Wiederbeschaffungskosten abgeschrieben werden.

Kapital

Das Kapital steht auf der Passivseite der Bilanz und ist in Eigen- und Fremdkapital untergliedert.

Kapitalrücklage

Die Kapitalrücklage stellt die Rücklage von Kapital bei einem Unternehmen in der Rechtsform der Aktiengesellschaft dar.

Eine Kapitalrücklage kann aus einem Abschlag bei der Aktienemission oder der Zuzahlung von Gesellschaftern entstehen. Auch der Betrag, der bei der Ausgabe von Schuldverschreibungen und Optionsrechten erzielt wird, fließt in die Rücklagenbildung.

Kapitalwert

Ist die Summe aller Erträge, die nach einem bestimmten Zeitpunkt anfallen und auf diesen Zeitpunkt hin diskontiert werden.

Konsolidierung

Zusammenfassung jeweils der einzelnen Bilanzen und Gewinn-
und Verlustrechnungen von Unternehmen, die zu einem Konzern
gehören in einer Konzernbilanz.

Konto

Alle Geschäftsvorfälle werden in der Buchhaltung auf Konten
chronologisch und systematisch aufgezeichnet. Jedes Konto hat
eine Soll und eine Habenseite.

Konzern

Ein Konzern ist eine Einheit von zwei oder mehr rechtlich selbst-
ständigen Unternehmen, die wirtschaftlich voneinander abhängig
sind. Der Konzern, als wirtschaftliche Einheit, muss, nach §18
AktG, eine einheitliche Leitung der wirtschaftlichen Aktivitäten
gewährleisten. Unternehmen, die zu einem Konzern zusammen-
geschlossen sind, können untereinander unterschiedlich organi-
siert sein.

Kosten

Kosten sind die Werte der Güter und Dienstleistungen, die bei der
betrieblichen Tätigkeit verbraucht werden. Die Kostenbegriff um-
fasst:
- Verbrauch von Gütern,
- Bewertung dieses Verbrauchs in Geld,
- Leistungsbezogenheit.

Kostenarten

Kosten werden in der Kostenartenrechnung danach unterschieden,
welche Art von Kostengütern ihnen zugrunde liegt. So unterscheidet man Material-, Personal-, Dienstleistungs- und Anlagekosten,
Steuern, Mieten und kalkulatorische Kosten.

Kostenartenrechnung

Aufgabe der Kostenartenrechnung ist es, sämtliche Kosten, die in einem Betrieb während einer Abrechnungsperiode angefallen sind, zu erfassen. Sie berücksichtigt ausschließlich primäre Kosten.

Kostenstellen

Kostenstellen sind abgegrenzte, betriebliche Verantwortungsbereiche, für welche die Belastung mit Gemeinkosten gesondert ermittelt werden kann, um sie den Kostenträgern zurechnen zu können. Die Bildung von Kostenstellen erfolgt nach organisatorischen, funktionellen oder räumlichen Gesichtspunkten.

Kostenstellenrechnung

Die Kostenstellenrechnung ermittelt, welche Kosten für die einzelnen Teilbereiche eines Unternehmens innerhalb einer Abrechnungsperiode anfallen.

Kostenträger

Kostenträger sind die Leistungseinheiten eines Betriebes wie z.B. Erzeugnisse, Erzeugnisgruppen und Aufträge.

Kostenträgerblatt (BAB II)

Im Kostenträgerblatt (BAB II) wird der Anteil der verschiedenen Erzeugnisse an den Gesamtkosten und am Umsatzergebnis eines Abrechnungszeitraums errechnet. Das Kostenträgerblatt kann auf Ist- und Normalkostenbasis aufgestellt werden. Für die Rechnung mit Normalkosten gilt:

Betriebsergebnis = Umsatzergebnis + Überdeckung (aus dem BAB)

Betriebsergebnis = Umsatzergebnis - Unterdeckung (aus dem BAB).

Kostenträgerrechnung

Die Kostenträgerrechnung baut auf der Kostenarten- und Kostenstellenrechnung auf und dient der Ermittlung der Gesamtkosten für jeden Kostenträger in einer Abrechnungsperiode (Kostenträgerzeitrechnung) oder der Ermittlung der Stückkosten für jeden Kostenträger (Kostenträgerstückrechnung).

Kostenträgerstückrechnung

Die Kostenträgerstückrechnung ermittelt die Selbstkosten und den Verkaufspreis eines Erzeugnisses bzw. eines Auftrages (Kostenträger).

Kreditoren

Unter Kreditoren werden im weiteren Sinne Gläubiger aller Art verstanden.

In der Kreditorenbuchhaltung bezeichnet man mit dem Begriff die finanziellen Verpflichtungen gegenüber den Kreditgebern (Lieferanten). Die Kreditorenbuchhaltung führt und verwaltet die buchhalterischen Daten aller Kreditoren. Darüber hinaus ist sie ein integraler Bestandteil des Einkaufsystems: Lieferungen und Rechnungen werden lieferantenbezogen geführt.

Kreditorenlaufzeit

Ist der Zeitraum, der zwischen dem Rechnungseingang und der Bezahlung liegt.

L

Lagebericht

Kapitalgesellschaften sind nach dem Handelsgesetzbuch (HGB) zum Erstellen eines Lageberichtes verpflichtet. Er ist Bestandteil des Jahresabschlusses. Er gibt nähere Auskunft über die laufende Geschäftstätigkeit und -entwicklungen des Unternehmens.

Lagerdauer

Ist die Zeit, die eine Ware oder ein Material von der Einlagerung bis zur Entnahme durchschnittlich im Lager bleibt.

Langfristige Finanzierung

Die langfristige Fremdfinanzierung ist die Zuführung von Fremdkapital mit einer Laufzeit ab fünf Jahren. Sie bietet sich insbesondere für die Finanzierung des Anlagevermögens an, das beträchtliche Finanzmittel erfordert, die i.d.R. nicht allein aus dem Eigenkapital aufgebracht werden können.

Leasing

Unter Leasing versteht man die vertraglich festgelegte, entgeltliche Nutzungsüberlassung eines Wirtschaftsgutes durch einen Leasinggeber an einen Leasingnehmer.

Leistungen

Leistungen sind der betrieblich bedingte Wertezuwachs in einem Unternehmen während einer Abrechnungsperiode. Leistungen des Industriebetriebes sind: Absatzleistungen (Umsatzerlöse), Lagerleistungen (Mehrbestände), aktivierte Eigenleistungen (selbst erstellte Anlagen).

Leverage-Effekt

Der Leverage bezeichnet die Abhängigkeit der Rentabilität des Eigenkapitals vom Anteil der Fremdfinanzierung.

Liquidität

Liquidität ist die Ausstattung an Zahlungsmitteln, die für Investitions- und Konsumauszahlungen und zur Befriedigung von Zahlungsverpflichtungen zur Verfügung stehen.

Es ist die Fähigkeit und Bereitschaft eines Unternehmens, seinen bestehenden Zahlungsverpflichtungen termingerecht und betragsgenau nachzukommen.

Liquiditätsgrade

Liquiditätsgrade messen die statische, zeitpunktbezogene Liquidität und sollen als Kennzahlen darüber Aufschluss geben, ob das Unternehmen liquide ist oder ob Zahlungsschwierigkeiten zu erwarten sind.

Je nach in die Betrachtung einbezogenen liquiditätsnahen Bilanzposten unterscheidet man die Liquiditätskennzahlen:

Liquidität 1. Grades (Barliquidität, cash ratio),

Liquidität 2. Grades (einzugsbedingte Liquidität, quick ratio)

Liquidität 3. Grades (umsatzbedingte Liquidität, current ratio).

M

Mischkosten

Mischkosten sind Kosten, die aus fixen Kosten und variablen Bestandteilen bestehen. Beispiele sind Wartungs- und Instandhaltungskosten.

N

Nachkalkulation

Am Ende des Abrechnungszeitraumes wird überprüft, in welchem Umfang die Normalgemeinkosten von den Ist-Gemeinkosten abweichen (Nachkalkulation)

Nettogeldvermögen

Das Nettogeldvermögen ist die Summe der liquiden Mittel plus Forderungen minus Schulden.

Niederstwertprinzip

Das Niederstwertprinzip gehört zu den wichtigsten Grundsätzen in den handels- und steuerrechtlichen Bewertungsvorschriften, und entspricht der technischen Vorschrift zur Durchsetzung des Realisationsprinzips und des Imparitätsprinzips. Es leitet sich aus dem vorgelagerten allgemeinen Bewertungsgrundsatz der kaufmännischen Vorsicht (§ 252 Abs.1 Nr.4 HGB) ab, und unterstützt die mit ihm verfolgten Ziele: Kapitalerhaltung, Gläubigerschutz und Schutz der Gesellschafter.

Das Niederstwertprinzip besagt, dass ein Kaufmann bei der Bewertung von Vermögensgegenständen (Aktiva) von allen denkbaren Wertansätzen (Anschaffungs- bzw. Herstellungskosten oder Börsen- oder Marktpreis bzw. beizulegender Wert) jeweils der niedrigere angesetzt werden muss oder dar. Der niedrigere der zur Wahl stehenden Werte bildet bei strenger Anwendung des Prinzips die obere Wertgrenze, die nicht überschritten werden darf.

P

Passiva

Die Passiva ist in einer Bilanz die Seite, die die Mittelherkunft abbildet. Der Wert aller Passiva entspricht dem Wert aller Aktiva und wird als Bilanzsumme bezeichnet.

Periodenfremder Aufwand: siehe Aufwand

Primäre Kosten

Primäre Kosten sind der bewertete Verzehr von Gütern und Dienstleistungen, die ein Unternehmen von außen bezieht.

Privatentnahmen

Privatentnahmen ist Bezeichnung für die Herausnahme von Vermögensgegenständen oder finanziellen Mitteln aus dem Unternehmen und Übergang in das Privatvermögen.

Eine Privatentnahme kann auf die Nutzung betrieblicher Dienste und Leistungen für private Zwecke sein. Eine Privatentnahme mindert nicht den Gewinn, da sie keine Betriebsausgabe darstellen. Die Privatentnahme führt aber zu einer Reduzierung des Eigenkapitals eines Unternehmens.

Preisuntergrenze
Die kurzfristige Preisuntergrenze ergibt sich aus den variablen Kosten der Produktion des Produkts dividiert durch die verkaufte Stückzahl.

Prüfungspflicht

Der Jahresabschluss und der Lagebericht sind von einem Abschlussprüfer zu prüfen (§ 316 f. HGB). Die Prüfungspflicht besteht jedoch nicht für die Kleine Kapitalgesellschaft.

Den Abschlussprüfer wählen die Gesellschafter vor Ablauf des Geschäftsjahres, auf das sich seine Prüfungstätigkeit bezieht (§ 318 HGB). Sofern die Gesellschafter einen Abschlussprüfer nicht rechtzeitig gewählt haben, erfolgt die Bestellung auf Antrag durch das zuständige Gericht.

Der Abschlussprüfer erstellt einen Prüfungsbericht (§ 321 HGB) und versieht den Jahresabschluss mit einem Bestätigungsvermerk über das Ergebnis der Prüfung (§ 322 HGB).

R

Rechnungsabgrenzungsposten

Die Rechnungsabgrenzung ist in der kaufmännischen Buchführung ein Schritt im Periodenabschluss (zumeist Jahresabschluss), mit dem Werte in der Gewinn- und Verlustrechnung und der Bilanz der richtigen Rechnungsperiode (z. B. Geschäftsjahr, Quartal) zugeordnet werden.

Eine Abgrenzung ist notwendig, um den Erfolg eines Unternehmens selbst dann periodengerecht ermitteln zu können, wenn Geschäftsvorfälle mehrere Buchungen erfordern und diese unterschiedlichen Rechnungsperioden betreffen. Dies ist zum Beispiel regelmäßig dann der Fall, wenn mit Kunden oder Lieferanten Zahlungsziele vereinbart wurden, wenn also die Lieferung und Leistung (und damit der Zeitpunkt des Gefahrenübergangs) einerseits und die Zahlung andererseits nicht periodengleich stattfinden. Die Rechnungsabgrenzung sichert auch, dass Steuern für die entsprechenden Zeiträume korrekt abgeführt werden können.

Die Rechnungsabgrenzung ist also die buchhalterische Abgrenzung der Aufwendungen und Erträge einer Rechnungsperiode, deren entsprechende (Gegen-) Leistungen erst in einer späteren Periode erfolgen werden. Rechnungsabgrenzungsposten stellen eine Art Verbindlichkeit bzw. Forderung dar.

Man unterscheidet zwischen Aktiver und Passiver Rechnungsabgrenzung.

Die aktive Rechnungsabgrenzung (Abkürzung: ARA) ist eine Leistungsforderung. Sie entsteht, wenn ein Aufwand des neuen Jahres bereits im alten Jahr eine Ausgabe darstellt.

Erträge des neuen Jahres, die im alten Jahr bereits Einnahmen sind, zum Beispiel Vorauszahlungen von Kunden, werden auf Konten für passive Rechnungsabgrenzung (Abkürzung: PRA) gebucht. Sie begründen Leistungsverbindlichkeiten, also Ansprüche der Kunden oder anderer Gläubiger an Leistungen des Unternehmens. Die Buchung auf den Erlös- und Forderungskonten entspricht der oben aufgezeigten Buchungslogik.

Rentabilität

Ist das Verhältnis einer Erfolgsgröße zum eingesetzten Kapital einer Rechnungsperiode. Beide Größen können zahlungs- und bilanzorientiert gemessen werden.

Return on Investment (ROI)

Der Return on Investment (ROI) ist eine Kennzahl, die das Verhältnis zwischen Gewinn und investiertem Kapital angibt.

Rücklagen

Erfolgreiche Unternehmen erwirtschaften Gewinne. Ein Großteil dieser wird wieder investiert.

Ebenfalls üblich ist die Bildung sogenannter Rücklagen. Dabei handelt es sich letztlich um Teile des bereits versteuerten Gewinns, die für unvorhergesehene Aufwendungen oder kurzfristige Investitionen zurückgelegt werden.

Die Rücklagen zählen dabei zum Eigenkapital des Unternehmens. Die bilanzrechtliche Ausweisung der Rücklagen erfolgt entweder in Form sogenannter offener Rücklagen auf separaten Rücklagenkonten oder als sogenannte stille Reserven. In der Bilanz selbst sind diese nicht erkennbar.

Rückstellungen

Die Rückstellungen stehen für Schulden, die noch nicht weiter konkretisiert sind, aber für die Gläubiger oder sonstige Bilanzinteressenten erkennbar sein sollten. Da ein Unternehmen zur vollständigen Angabe aller Vermögenssachverhalte angehalten ist, müssen vermögensschmälernde Verpflichtungen ausgewiesen werden, auch wenn sie ungewiss sind.

Rückstellungen für ungewisse Verbindlichkeiten sind Schulden, bei denen die spätere Auszahlung und deren Höhe zum Zeitpunkt der Bildung unbekannt sind. Sie stellen voraussichtliche Auszahlungen dar, die bereits am Bilanzstichtag als Aufwand erfasst worden sind. Diese Rückstellungsposition beinhaltet den größten Teil der gebildeten Rückstellungen.

Rückwärtskalkulation

Mit Hilfe der Rückwärtskalkulation wird bei gegebenem Verkaufspreis das aufwendbare Fertigungsmaterial oder die aufwendbaren Fertigungslöhne bestimmt. Bis zum Barverkaufspreis wird rückwärts vom Hundert, von da ab bis zu den Herstellkosten auf Hundert gerechnet. Von den Materialkosten (Herstellkosten - Fertigungskosten) wird das Fertigungsmaterial auf Hundert ermittelt.

S

Sachanlagen

Sachanlagen sind materielle Vermögensgegenstände, die sich im Eigentum eines Unternehmens befinden, auf Dauer im Unternehmen verbleiben und betriebsnotwendig sind, also nötig, um die Produktion und den Betrieb zu gewährleisten.

Schlussbilanz

Die Schlussbilanz ist die Bilanz am Ende eines Geschäftsjahres.

Sekundäre Kosten

Sekundäre Kosten sind der bewertete Verzehr von eigenen selbsterstellten Leistungen.

Selbstfinanzierung

Bei der Selbstfinanzierung handelt es sich um eine Finanzierung aus einbehaltenem Gewinn. Sie ist ein Bestandteil der Innenfinanzierung-

Selbstkosten

Die Selbstkosten bestehen aus den Herstellungskosten (Materialkosten + Fertigungskosten) und den Verwaltungsgemeinkosten.

Soll

Die Soll-Seite ist auf der linken Seite eines Kontos zu finden.

Sonderposten mit Rücklageanteil

Eine Definition des Sonderpostens mit Rücklageanteil ist im § 247 Abs. 3 HGB zu finden:

„Passivposten, die für Zwecke der Steuern vom Einkommen und vom Ertrag zulässig sind, dürfen in der Bilanz gebildet werden. Sie sind als Sonderposten mit Rücklageanteil auszuweisen und nach Maßgabe des Steuerrechts aufzulösen. Einer Rückstellung bedarf es insoweit nicht."

Stammkapital

Das Stammkapital ist das gezeichnete Kapital der GmbH.

Stille Reserven

Stille Reserven bezeichnen Werte, die aus der Bilanz mit ihren Buchwerten nicht ersichtlich sind.

Stille Reserven entstehen durch die Unterbewertung von Vermögensgegenständen oder die Überbewertung von Schulden.

Stückkosten

Stückkosten sind die auf eine Leistungseinheit entfallenden Kosten.

U

Überdeckung

Sind die Normalgemeinkosten größer als die Ist-Gemeinkosten, so liegt eine Überdeckung vor.

Überschuldung

Eine Überschuldung liegt vor, wenn die Vermögenensgegenstände geringer als die Schulden sind. Der Saldo des Eigenkapitals ist in dem Fall Null beziehungsweise Negativ.

Umlaufvermögen

Unter Umlaufvermögen versteht man die Vermögensteile einer Firma, die sich in Menge und Zusammensetzung ständig ändern, wie z.B. Roh-, Hilfs- und Betriebsstoffe, Fertige Erzeugnisse, Handelswaren und Bargeld, Bankguthaben und Forderungen.

Umsatzerlöse

Der Umsatz ist der Wert der Waren und Dienstleistungen, die ein Unternehmen in einer Periode verkauft.

Umsatzrendite

Die Umsatzrendite ist die Beziehung zwischen Jahresüberschuss zu den Umsatzerlösen. Sie wird in Prozent dargestellt.

Unterdeckung

Sind die Normalgemeinkosten kleiner als die Ist-Gemeinkosten, so liegt eine Unterdeckung vor.

V

Variable Kosten

Variable Kosten sind Kosten, die sich mit der Menge der Produkte oder Dienstleistungen verändern, sie sind abhängig vom Beschäftigungsgrad. Sie sinken oder steigen mit ab- bzw. zunehmender Erzeugnismenge (z.B. Material- und Lohnkosten).

Verbindlichkeiten

Verbindlichkeiten sind die zum Stichtag bestehenden Schulden eines Unternehmens.

Verbundene Unternehmen

Verbundene Unternehmen sind gem. § 15 AktG rechtlich selbständige Unternehmen, die zueinander in unterschiedlich intensiver Verbindung stehen. Sie reicht von der einfachen Mehrheitsbeteiligung über abhängig und herrschende Unternehmen, den Konzern, wechselseitig beteiligte Unternehmen, verbundene Unternehmen bis zur eingegliederten Unternehmung.

Verlust
Verlust ist der negative Saldo aus Erträgen Minus der Aufwendungen.

Vermögensgegenstand
Dieses wirtschaftliche Gut kann einzeln veräußert werden.

Verteilerschlüssel
Der Verteilerschlüssel legt fest, in welchem Verhältnis Kosten auf mehrere Kostenstellen verteilt werden.

Verschuldungsgrad
Der Verschuldungsgrad zeigt die Relation von Eigenkapital zu Fremdkapital an und gibt damit Auskunft über die Finanzierungsstruktur.

Vollkostenrechnung
Die Kostenträgerrechnung kann als Vollkostenrechnung durchgeführt werden, d.h. die Gemeinkosten (Handlungskosten) werden in voller Höhe (fixe und variable Gemeinkosten) mit Hilfe des Handlungskostenzuschlagssatzes den Einstandspreisen der Waren zugerechnet. Die Vollkostenrechnung stellt sicher, dass durch den kalkulierten Verkaufspreis alle Kosten gedeckt sind. Die Vollkostenrechnung wird je nach Zielsetzung durchgeführt als Vorwärts-, Rückwärts- oder Differenzkalkulation.

Vorräte

Vorräte sind Teil de s Umlaufvermögens und gliedern sich in
Roh-, Hilfs- und Betriebsstoffe, fertige- und unfertige Erzeugnisse, sowie Handelswaren.

Vorwärtskalkulation

Mit Hilfe der Vorwärtskalkulation wird der Verkaufspreis ermittelt (Vorkalkulation mit Normalzuschlägen). Bis zum Barverkaufspreis wird vom Hundert, von da ab im Hundert gerechnet.

W

Wertschöpfung

Die Wertschöpfung misst den Ertrag aus wirtschaftlicher Tätigkeit als Differenz zwischen der Leistung einer Wirtschaftseinheit
(z.B. eines Unternehmens oder auch ein einzelner Leistungsprozesse) und der zur Leistungserstellung benötigten Vorleistung.

Wertspesen

Wertspesen sind Kosten, die für eine Ware bzgl. ihres Einkaufs-
preises anfallen, beispielsweise Transportversicherung, Verpa-
ckungskosten und Wertzölle.

Working Capital

Das Working Capital ergibt sich aus der Differenz von Umlaufvermögen und kurzfristigen Verbindlichkeiten.

Z

Zahllast

Die Zahllast errechnet sich aus der Umsatzsteuerschuld minus der
abzugsfähigen Vorsteuer

Zusatzkosten

Zusatzkosten sind Kosten, denen in der Geschäftsbuchführung kein Aufwand (keine Ausgabe) gegenübersteht. Dazu zählen kalkulatorischer Unternehmerlohn (Wertansatz für die Unternehmertätigkeit in Einzelunternehmen und Personengesellschaften), kalkulatorische Miete (Wertansatz für die von Unternehmer zur Verfügung gestellten Räumlichkeiten) und kalkulatorische Eigenkapitalzinsen (Wertansatz für das bereitgestellte Eigenkapital).

Zuschlagskalkulation

Die Zuschlagskalkulation ist eine Netto-Kalkulation der Stückkosten. Dabei werden alle anfallenden Kosten ohne Umsatzsteuer dem jeweiligen Produkt zugeordnet. Der kalkulierte Nettopreis wird am Schluss mit dem Umsatzsteuerfaktor (1,19 bzw. 1,07) multipliziert.